主 编 王 鸿　副主编 吴秋琴 吴

打开童书学英模

浙江少年儿童出版社·杭州

图书在版编目（CIP）数据

打开童书学英模/王鸿主编. —杭州:浙江少年
儿童出版社，2019.9（2019.12 重印）
ISBN 978-7-5597-1619-4

Ⅰ.①打… Ⅱ.①王… Ⅲ.①阅读课－小学－教学参
考资料 Ⅳ.①G624.233

中国版本图书馆 CIP 数据核字（2019）第 197384 号

责任编辑　金晓光
美术编辑　赵　琳
封面绘图　何　瑞
装帧设计　蜗特麦伦
责任校对　苏足其
责任印制　王　振

打开童书学英模

DAKAI TONGSHU XUE YINGMO

主编　王鸿

副主编　吴秋琴　吴江君

浙江少年儿童出版社出版发行
（杭州市天目山路 40 号）

浙江海虹彩色印务有限公司印刷　　全国各地新华书店经销
开本 710mm×1000mm　1/16　印张 9.75
字数 135000　印数 5001—45000
2019 年 9 月第 1 版　　2019 年 12 月第 2 次印刷

ISBN 978-7-5597-1619-4　　　定价：28.00 元
（如有印装质量问题，影响阅读，请与购买书店联系调换）
承印厂联系电话：0571-85095376

前　言

　　半个多世纪以来，红色经典书籍伴随着中国几代人的成长，成为我们的精神力量。红色童书是社会主义主流价值观、教育观、文学观的集合与浓缩。作家李心田在谈及红色童书《闪闪的红星》创作时说："我看，儿童文学就是儿童文学，它的本质是不会变的，它是写孩子生活和孩子能理解的生活，教孩子认识世界、理解世界，使他们高尚起来，并在阅读中得到审美的乐趣。"

　　红色童书已经走进了课堂，教育部统编语文教材收录了多篇革命传统经典篇目。其中既有反映老一辈无产阶级革命家革命气节和革命精神的篇目，如《吃水不忘挖井人》《朱德的扁担》《为中华崛起而读书》；也有反映特殊时期革命英雄人物事迹的篇目，如《狼牙山五壮士》《手术台就是阵地》《金色的鱼钩》；更有反映新时期为社会主义建设做出巨大贡献的新时代楷模的篇目，如钱学森、邓稼先等。另外，在中小学推荐的文学名著阅读中，除了常见的鲁迅、茅盾等著名文学家的作品，还列入了《红星照耀中国》《红岩》《钢铁是怎样炼成的》等红色经典名著。

　　近几年，我带领工作室团队教师开始了红色童书阅读教学实践，围绕核心价值观，以培养完整的人为价值理念，以促进发展育心力为核心目标，将红色童书引进课堂教学，分层递进地开展阅读交流、读写联结、情感培育。通过实践，我们编写了《打开童书学英模》，与《打开童书学写作》《打开童书育心灵》组成姊妹篇。

　　我们编写《打开童书学英模》，融合心理品质的培养。这本书围

绕核心价值观，把容易遇到的生活、情绪、道德等困惑，以及普遍存在的心理问题，选择合适的优秀童书，实施童书的微赏读，开展"封面品析、梗概导读、目录一览、精彩片段"等活动，使学生潜移默化地受到影响。在实践上给予易操作、有效的方法，让学生认识自己、发展自己，从而具备良好的品质素养。

我们编写《打开童书学英模》，融合阅读策略的运用。这本书利用阅读疗法规律，活动巧联接栏目中有"人物名片夹、人物成长轴、人物小论坛、英模启示录"，展示了很好的阅读方法，真正以读促心，以心促读，提高育心能力。

我们编写《打开童书学英模》，融合学科整合的跨界。这本书共18课，从这18课的名称可以看到，这些内容深化了《语文》《道德与法治》等课程的若干内容，坚持"一书一得"，从书中学习心理品质。这本书打通课内外、读书生活、学科间"三界"，突显学科协同、课程整合，注重读思行统一，用心理指导课推动儿童阅读，达成"童书育心"新样态。

这本书设计了孩子们喜闻乐见的板块，使童书阅读引向明理与导行，让孩子们具备良好的品行素养。这本书真正导入红色经典文化，缅怀红色峥嵘岁月，品味红色经典盛宴，领略红色文化魅力，使我们以一个全新的角度，更加全面地认识英雄模范。

红色书籍，你打开了吗？

王鸿

2019 年 8 月

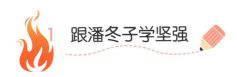 跟潘冬子学坚强 ✏️

《闪闪的红星》

"红星闪闪放光彩，红星灿灿暖胸怀"，这句歌词大家一定都很熟悉，这是由本书改编的同名电影的主题曲。本书讲述小英雄潘冬子在闪闪的红星照耀下，在战争中迅速成长，最后终于戴上那颗闪闪的红星，成为了一个真正的红军战士，踏上了新的征途。让我们一起走进这部红色经典，感受非常岁月里的闪闪童心，认识这位热爱祖国、机智勇敢、坚强又善良的小英雄吧！

 童书微赏读

📖 封面品析

  封面上的人物正是潘冬子（潘震山），他终于成为一名革命战士了，穿着军装，背着钢枪，军帽上的红五星闪闪发光，目光中透着坚毅与刚强。在红艳艳的映山红映衬下，他的脸蛋红扑扑的。在成长道路上，潘冬子经历了哪些磨难？在书中，映山红代表着什么呢？为什么要以"闪闪的红星"为题呢？请你想一想。

李心田／著

梗概导读

故事发生在 20 世纪 30 年代，潘冬子的家乡笼罩在白色恐怖之中。父亲随红军转移，母亲为了掩护同志壮烈牺牲。年幼的冬子在心里播下了革命的火种，他发誓要成为一名红军战士，为母亲报仇。父亲临走时留下来的一颗红五星，温暖着冬子幼小的心灵，照亮了他的成长之路。面对敌人的迫害，他坚强不屈，与敌人斗智斗勇，在残酷的斗争中不断磨炼，不断成熟，终于成为一名光荣的解放军战士，和父亲并肩走在了解放全中国的队伍中。

背景导览

1961 年，作者李心田在中国少年儿童出版社出版了儿童小说《两个小八路》。出版社编辑约他再写一本儿童小说，于是李心田便开始了《闪闪的红星》的创作。书稿原名为《战斗的童年》。1970 年，人民文学出版社决定出版这部书，但编辑觉得书名太一般，要求改个名字。李心田苦想了两天，才想出了《闪闪的红星》这个书名。小说出版后，得到了外界的好评，中央人民广播电台小说连播节目广播了这部小说。后来，小说还被译成英、日、法、德、越等文字出版。

你知道潘冬子的原型是谁吗？可以说潘冬子的原型不止一个人。李心田曾在部队速成中学当教员，军区司令员许世友的儿子许光、政治部主任鲍先志的儿子鲍声苏，都曾跟他上学。他俩都是长征前留在家乡，全国解放后找到父亲的。还有一个故事，江西根据地有一个红军的儿子，父亲出发长征时，他只有三岁，当他长到六岁时，母亲被白匪杀害了。母亲曾交给他一顶红军的军帽，帽子里有他父亲的名字。后来，这位红军的儿子拿着这顶帽子找到了父亲。这些人和事吸引了作者，正是因为他了解了这些革命后代特有的经历，才有了《闪闪的红星》。

狠咬恶霸胡汉三

我跑进家门，见妈正在收拾东西，床头上放着两个包裹。我说："妈，白狗子来了！胡汉三来了！"妈一听，更警觉起来。我拉着她的手问："怎么办，啊？妈妈！"妈妈把我拉到她跟前，把我褂子上的衣边撕开，从床头的席底下把爹留给我的那个红五星拿出来，在我面前亮了一下，把它塞到衣边里，低头就给我缝起来。我问妈："那个子弹头呢？"妈指着院子里那棵石榴树说："在那石榴树根下埋着呢！"我问妈："我那小学课本呢？"妈指指小包袱说："在包袱里。"我说："妈，白狗子来了，我们怎么办？"妈说："不论是谁，问你什么，你什么也不要说。"

我点点头："我什么也不说。"

妈把我的衣边缝好，坐在床沿上想了一阵子，正要到外边去，忽然门外一阵噪嚷，胡汉三带着几个白狗子走进我家来了。胡汉三大模大样地往屋中间一站，用他手里的小棍子指着我妈："你男人呢？"

"他北上打日本鬼子去了。"妈镇定地回了一句，连看都不看胡汉三一眼。

"是听说我来，吓跑了吧！"胡汉三翻着白眼说。

"孬种才跑呢！"我妈是从来不骂人的，这回却骂了一句。我想起来了，胡汉三就是偷跑了的。

胡汉三头上暴着青筋，又咬牙又瞪眼，一把抓过我妈妈："你说，你男人到底跑哪去了？"妈妈不回答，他打了妈一巴掌："说，他还欠着我好大的一笔账呢！"

妈推开胡汉三的手，挺挺地站在屋中间，没有理睬他。

胡汉三忽然看见了我，过来把我抓住："说，你爹跑哪去了？"我记住刚才妈教给我的话，什么也不说。胡汉三见我和妈妈一样，他的牙咬得咯吱咯吱响，一下子把我推倒在地上，照着我的肚子踢了一脚。我痛得喊了

3

一声，但是我没有哭，站了起来，什么也不讲。胡汉三又按着我的头问：
"说，你爹跑哪去了？"我抬眼见胡汉三的手就在我的头上，突然把两手
一伸，狠命地抓住他的手，使劲往下一拉，一口咬住了他的手指头。他像
杀猪似的喊叫起来，乱摆着手，要想挣脱。我狠命地咬着，一心要把它咬
断。他见我不松口，另一只手就去掏身上的枪。旁边的几个白狗子也过来
扯我。妈妈见势不好，过去喊我松了口，把我拉在了她的身后。胡汉三手
指头呼呼地向外淌血，他痛得直抽着脸，想用枪打我。妈妈用身子遮住
我，一面高声喝道："你要干什么？向着孩子使什么厉害，有本事找红军
去！"这时候门外围了很多很多的人，他们见胡汉三拿着枪要打我，全都
拥进屋里，一齐向他喊着："你敢！凭什么打人！"

"红军走得还不远哩！"

"伤了人，要拿命抵的！"

众人一吵嚷，胡汉三势头软了。他掏出一个手绢来把手缠上，一面喊
着问众人："啊，你们说什么？谁说的？"他一问，大家反而一句话也不说
了，全瞪着眼睛看着他。他哼了一声："跑了和尚，跑不了庙，往后日子
长哩，欠我的账，我要一笔一笔和你们算！"他叫扛枪的白狗子把众人赶
开，给他让出一条路来，铁着脸，抱着手，走开了。

在这个片段中，我们能感受到冬子和他妈妈的坚强勇敢。在书中，还
有很多人物也能让我们感受到坚强勇敢，快读一读，填写这朵品质花吧！

人物名片夹

请结合书中内容，为潘冬子制作一张名片。

小　名		曾用名		
大　名		政治面貌		
家庭地址				
帮他的人				
最恨的人		参军时间		

人物成长轴

在闪闪的红星照耀下，7 岁的潘冬子是怎样一步一步成长为一位革命战士的？让我们根据书中的内容，把潘冬子的重要成长经历设计成一幅成长轴。

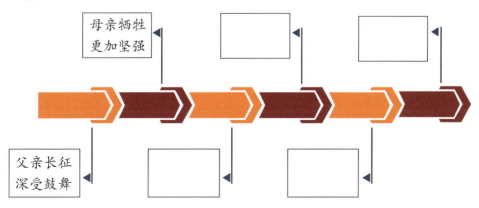

打开童书学英模

📘 图书目录表

这本书按冬子成长的时间顺序进行编排，共分十个部分，可是作者没有列章节标题，你能编一编目录吗？

章节	标题	章节	标题
一	父亲长征，送我红星	六	
二	母亲牺牲，留下夹袄	七	
三		八	
四		九	
五		十	

📘 英模启示录

在冬子的成长故事中，闪现着坚强、勇敢等美好的品质。让你感受最深的是他的哪个故事？结合你的生活实际，说说他会给你今后的学习和生活带来怎样的启发和影响。

_____

_____

_____

_____

_____

阅读大集结

励志佳句坊

　　一个有坚强心志的人，财产可以被人掠夺，勇气却不会被人剥夺的。

——[法] 雨果

　　苦和甜来自外界，坚强则来自内心，来自一个人的自我努力。

——[美] 爱因斯坦

　　一个人并不是天生就坚强，他的坚强和毅力，都是困难堆里磨练出来的。

——高玉宝

研学好线路

江西瑞金沙洲坝红井

7

江西瑞金

江西井冈山

 书籍大链接

《两个小八路》　　《闪闪的红星》　　　《闪闪的红星》（连环画）
李心田 / 著　　　（电影文学剧本）
　　　　　　　　　王愿坚、陆柱国 / 著

2 跟小雨来学机智

《小英雄雨来》

雨来是《小英雄雨来》中的主人公，他的故事早在 50 多年前就已被选入了语文教科书，感染和教育了一代又一代人。

作家管桦从小目睹了年长他几岁的本村儿童团团长，带领一群天真无邪的儿童，站岗放哨，给八路军送鸡毛信，上树瞭望，侦察敌情。1940 年，管桦离家奔赴抗日战场，长年转战南北。从军后，童年时代的情景，总是像演电影似的一幕幕在他脑海中浮现。就这样，他创作了以雨来为主人公的《小英雄雨来》。这成了管桦创作生涯的开端。

 封面品析

1. 观察画面人物，你发现雨来的打扮跟我们有什么不同？

2. 请你想一想，这本书会写些什么呢？

管桦 / 著

📖 作家简介

管桦，河北丰润人。原名鲍化普，"管桦"是参加革命后用的名字。1940年参加八路军，后任冀东报社记者，冀东军区政治部尖兵剧社任队长、副团长，所创作话剧《胜利而归》荣获朱德奖章。解放后主要从事歌词写作。与作曲家张文纲合作的《飞虎山故事大合唱》，在布加勒斯特世界音乐作品比赛中获得三等奖。他为儿童们写了大量歌词，《听妈妈讲那过去的事情》等歌曲传唱久远，多次获奖。文学创作方面，较著名的有中篇小说《小英雄雨来》，系列长篇小说"抗战三部曲"等。

📖 目录一览

渡河

我不累呢，我是撒尿来着

跳进人来啦

来了个骑自行车的人

杜绍英

牛车上坐着个小媳妇

战斗开始了

钻进网里的小鹰

"我要有枪早把你们打死！"

"这个小八路"

怎么逃跑呢？

就是李大叔

小英雄的故事多着呢

浏览目录，本书中哪些章节吸引了你？

 梗概导读

《小英雄雨来》记叙了抗日战争时期，晋察冀抗日根据地的儿童雨来聪明、机智地掩护革命干部，在敌人的诱惑和刺刀威逼下视死如归，多次逃出魔爪的故事，歌颂了抗日根据地儿童热爱祖国、勇敢机智地和敌人斗争的优秀品质。这是一部培养少年儿童爱国主义情操，塑造我们民族不屈性格的优秀教育读本。小说中苇丛雏鸭、五谷飘香的田园风光，芦花戏水、星夜攻读、智护交通员等情节，无一不是那场风起云涌的民族解放战争中燕赵大地的真实写照。

精彩片段

（一）

旷野被寒冷的夜雾笼罩，四处一片漆黑，群星在深远的高空里，一明一灭地闪动着它们宝石一般的亮光。雨来在两棵大树旁边停下来，辨别了

一下方向，就离开大路，跳过一条不宽的水沟，绕过一丛矮树棵子，沿着小路走下去。

旷野很静。只是偶然间，风吹着地里的干柴叶子，刷啦刷啦响。可以听得见自己鞋底擦着地，刷刷的响声。

（二）

警备队长把熄灭的火柴使劲往地上一扔，说：

"你是侍候哪个八路军干部的？"

"哪个我也不侍候！"

警备队长吸着烟，沉默了片刻，突然问他：

"你们队长叫什么名字？"

雨来早横了心了，只回答了三个字：

"不知道。"

"你们有多少人？"

"不知道。"

警备队长停顿了一下，用那样凶狠威胁的目光盯着雨来，点了点头，好像是他料到了会有这样的回答。又好像是说，我会叫你知道的。警备队长收回目光，喷出一口浓烟，用那种拖长的声调问：

"你们常在什么地方住哇？"

"不知道。"

警备队长瞥了雨来一眼，仍旧用那种拖长的声音问：

"你的枪呢？"

雨来咬牙切齿地说：

"我要有枪早把你们打死了！"

读完这两个小片段，你觉得小雨来的机智勇敢表现在哪里？

人物关系网

　　这本书中有雨来这样的小英雄，也有像李大叔这样的游击队员，有对雨来进行爱国启蒙教育的老师，还有跟雨来一起战斗的狗不理……找一找故事中的大小伙伴，雨来的成长跟他们有什么关系呢？理一理人物关系吧！

英雄小故事

让我们来罗列一下英雄的小故事吧！用小标题的形式写在下面。

雨来掩护李大叔　　　　　　雨来带领小伙伴渡河，寻找八路军

_____　　_____

_____　　_____

英雄启示录

在雨来众多美好的品质中，让你感受最深的是他的（　　　　　　　），结合你的生活实际，说说他会给你今后的学习和生活带来怎样的启发和影响。

阅读大集结

励志佳句坊

> 对着疯狂的暴力，只有机智才能抵抗。
>
> ——[法]雨果
>
> 对于有勇无谋的人，只能让他们做帮手，而绝不能当领袖。
>
> ——[英]培根
>
> 机智在于发现不同事物间的相似性及相似事物间的差异。
>
> ——[法]斯塔尔夫人

研学好线路

1998 年，"小英雄雨来纪念园"在还乡河公园落成了。如今，小英雄雨来纪念园已经成为革命传统教育基地，也成了大人和孩子们经常光顾的去处。在那里，会勾起一段历史的回忆，仰望雨来塑像，曾经学着雨来的故事长大的人们和正在学着雨来的故事成长的孩子们，都常常会重温《小英雄雨来》中那句不止激励过一代人的名言警句："我们是中国人，我们热爱自己的祖国！"

管桦陈列馆位于唐山市丰润区曹雪芹文化园内，与西侧的雨来园遥相呼应，是唐山市爱国主义教育基地。

书籍大链接

《少年英雄王二小》
陈模 / 著

《地下儿童团》
胡树国 / 著

3 跟小兵张嘎学应变

《小兵张嘎》

　　小兵张嘎，生活在贫苦危难中，却生就天然的活泼与乐观；成长于血雨腥风中，历练了一身的豪情与胆气；成熟于家仇国恨中，沉淀了一股子火热的忠诚与正气。少年英雄，机智勇敢，面对敌人时超强的应变能力让人叹服。而且，这位少年英雄又自带孩子独有的稚气与淘气，总是嘎气十足，更是可亲可爱，仿佛随机应变的嘎子随时就能从书中跳出来，跳到你的眼前，跳进你的心里。

📖 封面品析

　　1. 阅读封面，猜想小兵张嘎生活的年代和环境。

　　2. "嘎"是什么意思？猜一猜：这个小兵为什么叫"张嘎"？

徐光耀 / 著

作家简介

　　徐光耀，生于 1925 年 8 月，河北省雄县人，中国当代著名作家、电影编剧家。1938 年参加八路军，同年加入中国共产党。1945 年起，做随军记者和军报编辑。主要作品有短篇小说《周玉章》、长篇小说《平原烈火》、中篇小说和电影剧本《小兵张嘎》等。

梗概导读

　　抗日战争时期，敌人包围了河北白洋淀边上的鬼不灵村，张嘎的奶奶为掩护八路军钟亮被杀害，钟亮被抓。张嘎想参加八路军为奶奶报仇，救出钟亮，中途遇见令他钦佩的罗金保，他却将对方当作了汉奸，闹了笑话。

　　区队长钱云清让张嘎当上了一名小侦察员。在挑帘战中，他得到第一把枪，被没收。在伏击战中，嘎子再得真枪，还受了伤，被送到荷花湾玉英家养伤，过了一段闲适的生活。

　　伤好之后，张嘎带着玉英去找八路军。在孟良营，他将手枪藏进鸟窝，遇到鬼子，被曾和他闹过矛盾的胖墩爹——老满叔成功掩护。他遇到了地区队，向钱区队长申请了十天的手枪使用权。

　　鬼不灵战役，张嘎率先扰乱敌营，还成功引来另一据点的敌人，给八路军制造了绝佳的出击机会，消灭了敌人，为奶奶报了仇，钟亮也得救了。他得到了最想要的奖励——手枪，并立志加入共产党。

精彩片段

（一）

"枪！"小嘎子心里猛地一跳，一股强烈的欲望，陡然涌上心头。他抢眼四望，天哪！街上空荡荡的，一个人也没有。他搓着手，暗暗地跺脚。啊，那小子就要把气儿打足了！就要直起腰来了！就要转过脸来了！……忽然，小嘎子摸了摸腰里的"张嘴灯"。然而，那是木头的，行吗？

"行！"小嘎子把牙咯嘣一咬，"老钟叔说过，汉奸全是草包！不是有个叫罗金保的，用笤帚疙瘩就下了他们的手枪吗？我这个更行啦！"说时迟，那时快，他把草筐一甩，蹿过去大吼一声道："不许动！举起手来！打死你狗汉奸！……"吼着，伸手就去那小子腰里拔枪。啊，他差不多已经抓住枪柄了，枪就要到手了，可是，不知怎么咔地一下，他两腿一磕，一下栽在地上，"张嘴灯"也嗡地飞出了老远。

"好家伙啊！"那方脸上两只明亮的大眼瞪得圆圆的，蒲扇似的大手先在背后护了护枪，叉着腰逼近了来，只听喉咙里隆隆地响着膛音说，"嗬，小小的人儿，胆子可不小哇！"小嘎子急忙一个滚儿坐起来，后背紧抵住墙，预备先挨他一顿臭揍。可是，那人只逼近了站着，并不动手。

"你是干什么的？"

"要饭的。"小嘎子顺口就诌。

"要饭干吗夺我的枪？"

"换饭吃呀。"

"换饭吃？"那人忙绷一绷脸，差点没笑出来，"'打死你狗汉奸'也换饭吃吗？"

"那，我看差人了……"小嘎子口吃起来。

这个片段的语言、动作、心理描写特别精彩，你从中看出小嘎子怎样的个性呢？哪些细节特别能看出小嘎子的应变能力呢？

（二）

忽然，"红眼儿"抽着鼻子，围着自己的屁股团团打转起来。终于发现后襟上正在呼呼冒烟，忙一面骂着，急往下解子弹袋。小嘎子一见，又唱道："快来看，快来看——嗨，黑鸡下了个白鸡蛋！""红眼儿"正忙着灭火，哪里顾得上他。小嘎子可毫不怠慢，忙掏出那挂"柳条鞭"，三缠两绕，拴在狗尾巴上，用烟头往药捻上一点，但听得哧地一响，他便举起饼子，晃一晃，照直扔进了二门。"小虎"腾起身子，虎扑狼奔，风似的追了进去。疾能生风，风又助火，叭的一声，大盖枪一般，在"小虎"后腿上炸响了。那狗大吃一惊，哧溜一声就往八仙桌子底下钻，不想叭叭又是两声，它猛地一蹦又蹿出来，直从巴斗脑袋的头上纵了过去。接着噼噼啪啪一阵乱响，烟火和狗毛齐飞，崩得鬼子、"白脖"东仰西翻。那只大洋狗一见，忽地跳起，照"小虎"汪地就是一扑。"小虎"越发毛了，一纵身，蹿上了桌子，"哗啦啦！"碟翻瓶倒，碗碎壶飞。两条狗，一前一后，一跑一追，管什么桌子板凳，直从人群中钻来窜去，那"鞭"就在人群中噼啪爆响；鬼子、"白脖"你爬我滚，躲闪不迭。满院子烟团朵朵，碎纸纷飞，真比烧了炮仗市还热闹。

小嘎子点了"红眼儿"的后襟，又点响了"小虎"尾巴上的"柳条鞭"，一时间好不热闹！请你找出其中的拟声词和动词读一读，感受当时混乱的场面。

这段话以短句为主，读来酣畅淋漓。请你放声读一读，再想一想，小嘎子的随机应变妙在哪儿？

活动巧联接

📖 人物名片夹

　　小嘎子天真无邪又爱憎分明，顽皮好胜又英勇无畏，更是凭着随机应变的能力创造了一幕幕传奇，在我们心中闪耀着熠熠光芒。让我们为小嘎子做一张"大名片"吧！

姓名	张嘎	住址	（　　　　）	年代	（　　　　）

亲属	父亲 "七七事变"中丧生 母亲 在张嘎五岁时生病去世 奶奶 年近七十，为（　　　　）牺牲

最佩服的人	
最痛恨的人	
最亲近的伙伴	
最得意的事	
最憋屈的事	
最机灵的瞬间	
最大的目标	

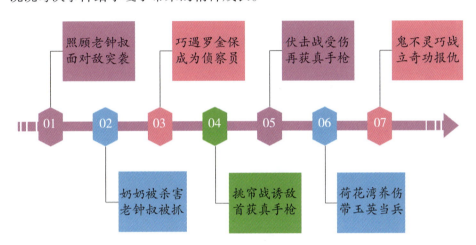

人物成长轴

从一个灵敏调皮、总爱发嘎的少年，到英勇无畏、充满正气的小英雄，小嘎子是怎样一步步成长起来的呢？请看下面成长轴中的重要事件，说说每次事件给小嘎子带来的精神成长。

照顾老钟叔
面对敌突袭

巧遇罗金保
成为侦察员

伏击战受伤
再获真手枪

鬼不灵巧战
立奇功报仇

01　02　03　04　05　06　07

奶奶被杀害
老钟叔被抓

挑帘战诱敌
首获真手枪

荷花湾养伤
带玉英当兵

人物小论坛

张嘎的嘎气中，有几分稚气，几分淘气，更有一股正气，一股胆气。最吸引人的，还是他的古灵精怪，他超强的随机应变能力。请找出文中体现张嘎巧妙应变的句子，想想是什么因素激发了他的种种应变。

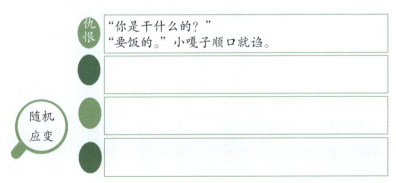

仇恨

"你是干什么的？"
"要饭的。"小嘎子顺口就诌。

随机
应变

📖 **英模启示录**

　　小兵张嘎英勇机敏，哪怕在敌人面前也能自如应变，你觉得这是天生的，还是环境与生活造就的？生活中，我们常常要应对突发的困境，或处理不敢面对的事情，请举例说说，你可以怎样向张嘎学习，提高自己的应变能力。

📖 **励志佳句坊**

> 兵无常势，水无常形；能因敌变化而取胜者，谓之神。
>
> ——《孙子兵法》
>
> 顺势而为，方可立于不败之地。
>
> ——《鬼谷子》
>
> 随机应变是才智的试金石。
>
> ——［法］莫里哀

📖 **研学好线路**

　　小嘎子，是一个富有时代特征的烽火少年。让我们循着小嘎子的足迹，走进冀中平原，走近燕赵大地上那些英勇不屈、义无反顾的抗战英雄们！

| 白洋淀 | 雁翎队 | 嘎子村 |

书籍大链接

　　《小兵张嘎》一出版，就广受读者欢迎，后来还改编成了连环画、电影。请把相关的书找来看一看，在比较阅读中感受小嘎子的丰富个性和故事的艺术魅力。

《小兵张嘎》(插画本)　　《小兵张嘎》(连环画)　《小兵张嘎》(电影连环画)
徐光耀／著　张品操／绘　　张辛国 等／绘

4 跟铁道游击队员学英勇

《铁道游击队》

铁道游击队，被萧华将军誉为"怀中利剑，袖中匕首"，是抗日战争时期主要活跃在现山东枣庄、薛城一带的一支抗日武装队伍。其传奇般的英勇事迹，在中国及世界战争史留下了光辉篇章。

这一支由中国共产党领导的抗日武装队伍是如何依靠群众，开展游击战术，英勇地与日本侵略者浴血奋战的呢？让我们阅读《铁道游击队》，奏响民族救亡的最强音！

童书微赏读

📖 封面品析

仔细阅读封面，说说封面的图案与铁道游击队有什么关系。

知侠 / 著

📖 目录一览

　　这本书反映了抗日战争时期，鲁南地区党领导下的一支游击队在临枣支线、津浦干线上，打击日伪军的交通线、与敌人进行游击斗争的英雄故事。读一读目录，你也可以感受到铁道游击队抗击日寇的顽强意志和英勇精神。

　　1.通过读目录，你猜想到这本书大概写了什么内容？我们可以把故事划分为几个部分？

　　2.浏览目录后，你觉得这本书中哪些章节深深地吸引了你？

📖 梗概导读

　　抗日战争时期，鲁南枣庄矿区以刘洪、王强为首的一批煤矿工人和铁路工人，不堪日寇的烧杀掠夺和蹂躏，在中国共产党的领导下，秘密地组成一支精悍的铁道游击队。他们利用煤矿铁路的掩护，在临城、枣庄一带的铁路线上，抢夺敌人的武器、物资，破坏敌人的运输交通。他们积极配合主力部队的战斗，给当地的日寇和伪军以沉重的打击。

　　由于他们在火车线上神出鬼没、行动神速，所以被老百姓称作"飞虎队"。驻守在当地的日军小林部队调集特务队，对游击队进行围剿。大队长刘洪决定先下手为强，趁敌人不备袭击了日本洋行和客车，迫使敌人将进山扫荡的兵力撤回来对付游击队。但是等到敌人撤回支援时，行动神速的游击队早已不见踪迹。

　　恼羞成怒的小林勾结国民党反动派，进山围剿铁道游击队，在战斗中大队长刘洪身负重伤，随后在村民芳林嫂家休养。她家很快就成了游击队领导集会的场所。很快，特务队队长冈村就侦察到游击队活动的地点，并准备对其发动突然袭击。刘洪与政委李正经过协商，决定主动出击，对敌人进行反包围。刘洪、李正指挥得当，利用地形优势歼灭了敌人，不过冈村却得以逃脱。小林恼羞成怒，疯狂地对百姓进行"清剿""扫荡"，到处放火烧村庄，杀害无辜的百姓。

　　看着被烧毁的村庄、被残杀的百姓，刘洪内心十分心痛和愤怒，他决定在微山湖与敌人决战。幸好李正赶来，才阻止了刘洪的冲动行为，游击队避免了重大损失，李正却不幸负伤。随后，刘洪和李正带领游击队进行休整，扩张队伍。

　　太平洋战争爆发，日寇加紧了军用物资的运输，铁道游击队趁机频繁偷袭，搞得敌军疲于应付、寸步难行。小林调集大部队进攻微山湖，企图彻底消灭铁道游击队。刘洪指挥队员化装成日寇突出了重围，并全歼了冈村的特务队。然而，当芳林嫂到湖西执行侦察任务时，却被敌人抓获。不久，抗战胜利，李正伤好归队，铁道游击队奔赴临城阻遏国民党军队北上，救出了芳林嫂，迫使小林残余部队投降。

 精彩片段

飞虎显身手

当这弓形黄铜把子刚要到他身边，他抢上一把抓住，紧跟着几步，身子像一只瓶子样挂上去。当飞动的车身和激风迫使他的身子向后飘起的时候，他急迈右腿，往前一踏，右脚落在脚踏板上，身子才算恢复了平衡。

老洪蹲在脚蹬上，从怀里掏出手枪，朝客车尾部走廊上望去，看看是否有乘客和鬼子。老洪看到没有人，把枪重新塞进怀里，迈上去，一手握住客车尾部走廊的铁栏杆，一只脚踏着客车的车角，用另一条腿迈往铁闷子车的车角；左脚踏在车角一寸多的横棱上，用左手扒住铁闷子车的三棱车角。当那边站踏实之后，他迅速地把右手和右脚贴过去，像要抱住这宽大冰冷的铁车似的。他右手紧紧地抓住平伸出去的一个铁板衔接处上下立着的角棱，就这样，他四肢像个"大"字形紧紧地贴在车身上，他感到车身的颤抖。

由于脚下的横棱只有寸把宽，说踏上倒不如说脚尖跷在上边，顶多使他滑不下去，可是要支持他全身的重量却不可能了。所以他把全部力气都使在两只手上。但是，这是铁板，铁板坚硬地顶住他的指头，他的指甲像被顶进肉里去，痛得他心跳，但是他不能松手。他拼命扒着，头上的汗在哗哗地流，他咬紧了牙关支持着。

他拼全力，再抓紧右手的铁棱，把左手移到一个螺丝钉上，再把身子向右手那边靠拢，猛力把左手移过来，也抓住右手抓住的同一角棱。这个角棱本来是"大"字身形的最右边，现在老洪已经在这条角棱上，把身形变为"1"字了，像挺立着勒一匹岁马的口缰。这时他腾出右手，向右边伸

27

去，猛力一跃，抓住了把手，全身霎时感到一阵轻松，十指上聚集的血，顺着膀臂又周流到全身，他全身的重量，已从十指尖移到一个紧握把手的拳头和膀臂上了。他迅速地摸到关车门的铁鼻，用右手从腰里掏出老虎钳，钳住缠在上边的粗铁丝。由于手痛，第一下没有钳断，他一急，拼全力一钳，铁丝卡喳断了。打开了铁鼻，他双手抓紧车门的把手，用右脚蹬住车门帮，往后一拉，嘶拉一声，车门裂开两尺宽的黑缝，他一转身，就钻进去了。

（有删节）

📖 人物名片夹

　　读一书，明一人。让我们动手为铁道游击队做一张"队伍名片"。

名　称		组建时期		
别　名		活动地点		
主力队员				
英勇事迹				

人物成长轮

贫苦的煤矿工人和铁路工人是如何在共产党的领导下，发展成一支短小精悍，为国家分忧解难的抗日英雄队伍的？让我们根据书中的内容，推动铁道游击队的成长齿轮。

1 铁矿工人组成队伍

2 袭击敌车武装自己

3 遭遇围剿负伤休养

4 假扮日寇击毙特务

5 抗战胜利队伍壮大

精彩情节轴

当你读完精彩片段，你一定能用自己的语言将故事讲给大家听。细心观察下图，试着给大家讲一讲老洪飞车的英勇故事吧！

1 ·抓住车把 ·飞身上车

2 ·脚蹬横棱 ·紧贴车身

3 ·猛力一跃 ·攀上货箱

4 ·全力一钳 ·打开车门

📖 英模启示录

在抗日战争中，铁道游击队发挥了工人阶级的高贵品质和顽强的斗争意志，英勇无畏。几年来他们在铁路线上破铁路、撞火车、夺物资，在火车上打歼灭战，创造出许多惊人的英雄事迹。队员们身上有哪些值得你学习的精神品质？来吧，敞开思绪，动手写下来吧！

📖 励志佳句坊

勇敢征服一切：它甚至能给血肉之躯增添力量。

——[古罗马]奥维德

勇敢里面有天才、力量和魔法。

——[德]歌德

"拿出胆量来！"那一吼声是一切成功之母。

——[法]雨果

勇猛、大胆和坚定的决心能够抵得上武器的精良。

——[意]达·芬奇

研学好线路

　　铁道游击队纪念园位于山东省枣庄市薛城区临山路东首，是为了纪念由中国共产党领导的、英雄的抗日武装力量，隶属于八路军"一一五师苏鲁支队"。

书籍大链接

《平原枪声》
李晓明 韩安庆 / 著

《铁道游击队》（1—10 册，连环画）
刘知侠 / 著　董子畏 / 改编
韩和平 丁斌曾 / 绘画

5 跟杨子荣学智谋

《林海雪原》

　　曲波所著的《林海雪原》一问世，就引起了强烈的反响，我军与敌人斗智斗勇、你来我往的故事情节跌宕起伏、引人入胜，小说中刻画的少剑波、杨子荣、刘勋苍等富有传奇色彩的人物形象可以说是家喻户晓。其中的"智取威虎山"更是经典，以此为主要情节改编的京剧、相声、电影，甚至动画片，都广受好评，其魅力历久弥新。

　　这部作品究竟描绘了一个怎样的故事？为什么能有如此大的魅力？让我们一起打开书，揭开它的庐山真面目吧！

 童书微赏读

📖 封面品析

　　1. 仔细阅读封面，你猜测小说中的故事是在什么环境下发生的？

　　2. 欣赏封面和题目，大胆猜测这本书描绘了一个怎样的故事。

曲波 / 著

📖 目录一览

这本书把我军和当地悍匪在林海雪原斗智斗勇的激烈交锋，按故事发展顺序进行了编排。读一读目录，你可以感受到剑拔弩张的逼人气氛。

1. 通过读目录，你猜想这本书大概写了什么内容？我们可以把故事划分为几个部分？

2. 浏览目录后，你觉得这本书中哪些章节深深地吸引了你？

📖 梗概导读

　　解放战争初期，国民党军队的主要兵力压向东北，形成了敌我双方严重对峙的局面。这时在我军后方，国民党又搜罗了一些伪满官吏、警察、地主、恶霸、流氓、大烟鬼，组织土匪武装，号称所谓"中央先遣军"，不断进行军事骚扰，使我军腹背受敌。当我军抽出力量进行扫荡后，一部分被击溃的国民党匪首又钻出了深山老林，疯狂地烧杀抢劫，凶恶之状闻所未闻。为了清除匪患，少剑波带领三十六人的小分队，插进了林海雪原，与这些"鲨鱼性、麻雀式"的敌人进行智与谋的交锋。

📖 精彩片段

<h2 style="text-align:center">杨子荣献礼</h2>

　　座山雕坐在正中的一把粗糙的大椅子上，上面垫着一张虎皮。他那光秃秃的大脑袋，像个大球胆一样，反射着像啤酒瓶子一样的亮光。一个尖尖的鹰嘴鼻子，鼻尖快要触到上嘴唇。下嘴巴蓄着一撮四寸多长的山羊胡子，穿一身宽宽大大的貂皮袄。他身后的墙上，挂着一幅大条山，条山上画着一只老鹰，振翘着双翅，单腿独立，爪下抓着那块峰顶的巨石，野凶凶地俯视着山下。

　　座山雕的两旁，每边四个人，坐在八块大木墩上。内中有一个是大麻子，他坐在左首的第一位。这就是座山雕从当土匪以来，纠合的八大金刚。国民党委了他的旅长要职后，这八大金刚就成了他部下的旅参谋长，副官长，和各团的团长、团副。

　　看这伙匪徒的凶恶的气派，真像旧小说中所描绘的山大王。

　　杨子荣被一个看押他的小匪徒领进来后，去掉了眼上蒙的进山罩，他先按匪们的进山礼向座山雕行了大礼，然后又向他行了国民党的军礼，便从容地站在被审的位置上，看着座山雕，等候着这个老匪的问话。

座山雕瞪着像猴子一样的一对圆溜溜小眼睛，撅着山羊胡子，直盯着杨子荣。八大金刚凶恶的眼睛和座山雕一样紧逼着杨子荣，每人手里握着一把闪亮的匕首，寒光逼人。座山雕三分钟一句话也没问，他是在施下马威，这是他在考察所有的人惯用的手法，对杨子荣的来历，当然他是不会潦草放过的。老匪的这一着也着实厉害。这三分钟里，杨子荣像受刑一样难忍，可是他心里老是这样鼓励着自己，"不要怕，别慌，镇静，这是匪徒的手法，忍不住就要露馅，革命斗争没有太容易的事，大胆，大胆……相信自己没有一点破绽。不能先说话，那样……"

"天王盖地虎。"座山雕突然发出一声粗沉的黑话，两只眼睛向杨子荣逼得更紧，八大金刚也是一样，连已经用黑话考察过他的大麻子，也瞪起凶恶的眼睛。

这是匪徒中最机密的黑话，在匪徒的供词中不知多少次的核对过它。杨子荣一听这个老匪开口了，心里顿时轻松了一大半，可是马上又转为紧张，因为还不敢百分之百地保证匪徒俘虏的供词完全可靠，这一句要是答错了，马上自己就会被毁灭，甚至连解释的余地也没有。杨子荣在座山雕和八大金刚凶恶的虎视下，努力控制着内心的紧张，他从容地按匪徒们回答这句黑话的规矩，把右衣襟一翻答道：

"宝塔镇河妖。"

杨子荣的黑话刚出口，内心一阵激烈的跳动，是对？还是错？

"脸红什么？"座山雕紧逼一句，这既是一句黑话，但在这个节骨眼问这样一句，确有着很大的神经战的作用。

"精神焕发。"杨子荣因为这个老匪问的这一句，虽然在匪徒黑话谱以内，可是此刻问他，使杨子荣觉得也不知是黑话，还是明话？因而内心愈加紧张，可是他的外表却硬是装着满不在乎的神气。

"怎么又黄啦？"座山雕的眼威比前更凶。

"防冷涂的蜡。"杨子荣微笑而从容地摸了一下嘴巴。

📖 人物关系网

请结合书中的内容，为主要人物描绘一张"关系网"。

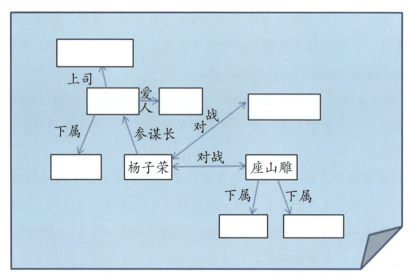

📖 人物形象图

斗智斗勇线

　　我军战士是怎样一步步剿灭林海雪原的悍匪的？让我们根据书中的内容，把我军战士的主要剿匪对象和剿匪经过设计成一幅战斗进阶图。

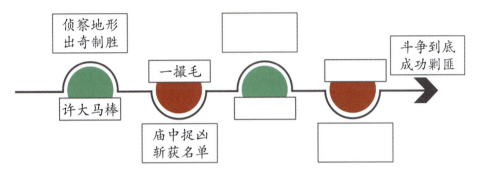

品质生长链

　　面对"鲨鱼性、麻雀式"的敌人、易守难攻的地势，还有恶劣的气候，我军战士毫无畏惧，凭借巧妙过人的智谋与一往无前的勇气，在一次次斗智斗勇中取得了

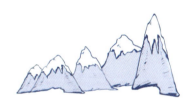

最终胜利。战士们身上有哪些值得你学习的精神品质？来吧，敞开思绪，将他们的品质写在永恒的林海雪山上。

英模启示录

　　一个故事，一段传奇。榜样的力量是无穷的，东北人民解放军的智勇双全给你今后的学习和生活带来怎样的启发和影响？

_____

_____

_____

阅读大集结

 励志佳句坊

智是谋之本，有智才有谋，所以智比谋更重要。

——邓拓

运筹策帷帐之中，决胜于千里之外。

——《史记》

有谋无勇只会是怯弱、欺诈；有勇无谋只会是愚蠢、疯狂。

——[波斯]萨迪

深谋远虑，行军用兵之道。

——[汉]贾谊

智谋才是真实的力量。智谋指导水手们通过暴风雨的海上，智谋驯服野兽、山豹和狮子，并使牛马为人类服役。因此，在困难的时候和在会议上，一个有思想的人比仅有体力的蠢材更有用处。

——[德]斯威布

研学好线路

杨子荣纪念馆，位于黑龙江省牡丹江市所属的海林市东山烈士陵园的青松翠柏之中，是为了纪念著名侦察英雄杨子荣烈士及杨子荣的167位战友而建的。

📘 书籍大链接

《暴风骤雨》
周立波 / 著

《林海雪原》（共 6 册，连环画）
曲波 / 原著　王星北　潘勤孟 / 改编
罗兴　王亦秋 / 绘画

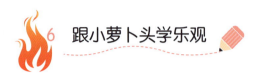

6 跟小萝卜头学乐观 ✏️

《红岩》

　　《红岩》一书中，一代革命者伴随着解放军隆隆的炮声，去迎接黎明时分灿烂的曙光！

　　红岩，这一史诗般的称号，是重庆的光荣象征。《红岩》这一神品般的小说，是中国共产党人乐观精神品质的高度概括。红岩精神是历史留给我们的宝贵精神财富，是中华民族的精神瑰宝。它曾激励几代中国人奋发向上，是激励我们开拓进取的强大精神动力，更是当代学生进行自我教育的宝贵资源。

童书微赏读

📖 封面品析

　　1.看图书封面，红色代表什么？松树象征什么？红岩是什么意思？

　　2.看着题目，你猜这本书会写些什么呢？

罗广斌　杨益言/著

📖 作家简介

《红岩》的作者罗广斌、杨益言都是重庆中美合作所集中营的幸存者。他们亲身经历了黎明前血与火的考验，目睹了许多烈士为革命牺牲的壮烈场面。根据这些亲身经历，他们于1957年写出了革命回忆录《烈火中永生》，随后在这个基础上创作了长篇小说《红岩》。

罗广斌，四川成都人。1948年加入中国共产党。1948年9月因叛徒出卖在成都被捕，先后囚于渣滓洞、白公馆监狱。狱中坚持斗争，宁愿坐牢，也不写悔过书，和难友一起秘密制作五星红旗，迎接解放。1967年被诬为叛徒，迫害致死。

杨益言，四川武胜县人。1948年8月被捕，囚禁于重庆"中美合作所"渣滓洞，重庆解放前夕被营救出狱。解放后在重庆市委工作。

📖 梗概导读

《红岩》是以描写重庆解放前夕残酷的地下斗争，特别是狱中斗争为主要内容的长篇小说。它的历史背景是1948年至1949年重庆解放。人民解放军摧枯拉朽的胜利进军和反动派的垂死挣扎，是这一时期的特点。小说把反动派在全局上不可逆转的覆灭命运，与局部上的气势汹汹、疯狂镇压，把革命事业全局上的辉煌胜利，与革命者个人的悲壮牺牲，辩证地统一起来。

它的基本情节以"中美合作所"集中营（包括渣滓洞和白公馆）内的敌我斗争为中心，交错地展开了我地下党领导的城市地下斗争、学生运动、工人运动、狱中斗争以及华蓥山区的武装斗争，集中描写了革命者为迎接解放、挫败敌人的垂死挣扎而进行的最后决战。小说以大量的篇幅描写了革命者的狱中斗争，除了《狱中联欢》所写的新年联欢活动外，还写了狱中绝食斗争的胜利，为龙光华烈士举行追悼会，写了江雪琴的从容就义，

许云峰在地牢里同徐鹏飞的最后一次交锋，以及最后的武装越狱斗争等。

作者以一定的广度和深度再现了国民党统治行将覆灭、解放战争走向全国胜利的斗争形势和时代风貌，成功地塑造了许云峰、江姐、成岗和华子良等为代表的共产党人的英雄形象，光彩照人，感人至深；同时对反面人物的形象塑造也很有特色，既揭示了他们的反动本质，又不流于脸谱化。作品结构错综复杂又富于变化，善于刻画人物心理活动和烘托气氛，语言朴实，笔调悲壮，被誉为"革命的教科书"。

 精彩片段

小萝卜头

疯子走了，看守特务又和小萝卜头出现在走廊上。

小萝卜头大概刚下课。他把每天读的书放在楼栏杆旁，双手抓住比他还高半头的楼栏杆，踮起脚跟，看白公馆墙外的群山。

"你说，山那边是啥地方？"孩子问看守特务。

"磁器口。"

"磁器口我去耍过一回。"小萝卜头又问特务，"不是近处的山，我说的是那边，白云底下的山那边！"

"北方。"

"啊，爸爸说，我们家在北方！"

小萝卜头刚刚转回头，要说什么，突然被什么新事物吸引住了。他追着，跑着，直跑到刘思扬靠近的铁窗附近，不住地挥着小手，叫着：

"哟，你看！"

一只长着光亮的翠绿翅膀的小虫，越过栏杆，飞到走廊上来。虫子的头上，长着一块美丽的透明的薄壳，像小姑娘披上了薄薄的蝉翼般纱巾。这虫子纤细而温柔，透过薄壳还可以看见它红珠子似的小眼睛。入春以来，这种虫子很多，常常撞进铁窗，陪伴着常年没有呼吸过自由空气的人们。

又飞来一只，它们并排在一起，故意在人面前骄傲地爬着。

"哟，多好看的小虫！"小萝卜头尖叫了起来，伸手捉住了一只。当他去捉第二只时，它张开翠绿的翅膀飞走了。

小萝卜头两手轻轻捧着那只小虫子，惟恐伤害了它。刘思扬摸摸口袋，摸出一只偶然带来的，被特务没收了火柴的空火柴盒，丢出铁窗，送给小萝卜头。小萝卜头打开火柴盒，把虫子放了进去。他正在关上盒子的时候，突然瞥见那只虫子，在盒子里不安地爬动。啊，它失去了自由。小萝卜头若有所思地停住了手。他把盒子重新打开，轻声说道：

"飞吧，你飞呀！"

虫子终于轻轻扇动翅膀，飞起来，缓缓飞出栏杆，一会儿就看不见了。小萝卜头高兴地拍着手叫：

"飞了，飞了，它坐飞机回家去了！"

回过头来，小萝卜头把火柴盒还给铁窗里的刘思扬。

"解放了，我们也坐飞机回去！"

读完这个小故事，你觉得"小萝卜头"这么喜欢小虫，为什么又把它放了呢？来吧，敞开思绪，动手写下来吧！

小萝卜头

📖 人物名片夹

"小萝卜头"名字的由来很有意思,请同学们到书中找找理由,制作人物名片夹。

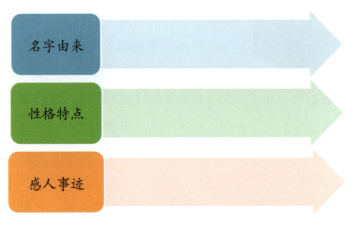

名字由来

性格特点

感人事迹

📖 人物成长轴

"小萝卜头"是狱中最小的英雄,共和国最小的烈士,结合故事写一写他的一些英勇行为。

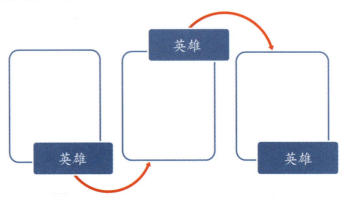

英雄

英雄

英雄

📖 人物品质表

"小萝卜头"一直生活在监狱里，他身边还有很多英雄。请在文中摘录他们令人感动的乐观向上的壮举，写写他们的性格特点。

人物名字	人物壮举	人物性格特点
江 姐		
许云峰		
成 岗		
华子良		
李青竹		
双枪老太婆		

📖 英模启示录

"小萝卜头"一生下来，就在监狱里。几年的监狱生活，让他懂得了革命者的精神品质。请你结合"小萝卜头"故事中的"若有所思"，想象一下：他在想什么？

阅读大集结

 励志佳句坊

威武不能挫其气，利禄不能动其心。

——李大钊

砍头不要紧，只要主义真。

——夏明翰

死里逃生唯斗争，铁窗难锁钢铁心。

——王若飞

革命理想，不是可有可无的点缀品，而是一个人生命的动力。有了理想，就等于有了灵魂。

——吴运铎

敌人只能砍下我们的头颅，决不能动摇我们的信仰！因为我们信仰的主义，乃是宇宙的真理！

——方志敏

 研学好线路

重庆红岩革命纪念馆位于重庆市红岩村 52 号。与之毗邻的红岩村 13 号，是原中共中央南方局和八路军驻重庆办事处旧址，有办公楼、礼堂、招待所、厨房等 5

幢土木结构房屋。红岩革命纪念馆被评为全国十大红色旅游景区之一，是
AAAA 级旅游景区。

 书籍大链接

《宁死不屈的共产党员——
革命烈士江竹筠》
王俏 / 编著

《刑场上的婚礼——
革命烈士周文雍、陈铁军》
曾宝华　朱凤霞 / 编著

7 跟赵一曼学豁达

《碧血染将天地红——抗日女英雄赵一曼》

誓志为人不为家，涉江渡海走天涯。

男儿岂是全都好，女子缘何分外差？

未惜头颅新故国，甘将热血沃中华。

白山黑水除敌寇，笑看旌旗红似花。

这是赵一曼同志写的述志言情诗《滨江述怀》。这首诗表明了赵一曼将继续坚持在东北地区的抗日斗争，绝不容豺狼来践踏祖国的美好家园的决心。

诗中那种雄壮奔放的格调、乐观积极的态度、胆魄过人的勇气、炙热如火的爱国主义激情，使我们对这位巾帼英雄充满了敬佩。

童书微赏读

📖 封面品析

1. 仔细阅读封面，你获得了哪些信息？你觉得赵一曼是个怎样的人？

2. 请你仔细观察图片中赵一曼的神情，谈谈你的发现。

张书印　张乃琳 / 编著

📖 目录一览

　　这本书将赵一曼一生中所经历的重大事件按照她的成长历程展现在我们眼前。读一读目录，我们也能从中感受到赵一曼她那忠贞报国、不畏艰辛、顽强拼搏的精神。

　　1.浏览目录后，你觉得这本书中哪些章节深深地吸引了你？

　　2.通过目录，赵一曼给你留下的最初印象是什么？

📖 精彩片段

冲破封建牢笼

　　坤泰的妈妈为了幺妹子以后的前程，处心积虑要想办法给坤泰裹小脚。一般有教养的人家，女孩子裹脚的年龄在6到8岁，而如今坤泰已经10岁了，已经成为被人耻笑的对象了。一次，妈妈叫来小坤泰，和颜悦色地跟她说："幺妹子，不能那么没日没夜地野下去了，你没看人家比你小的孩子都裹脚了吗？你不裹脚以后就没有人娶你当媳妇，一辈子怎么过呀？来，妈给你裹上脚，一点也不疼，然后妈再教你做针线活。"小坤泰对能不能当媳妇倒是不感兴趣，她感兴趣的是裹脚本身："妈妈既然这么说，裹脚也许是挺好玩的事吧？"妈妈一见小坤泰顺从了，于是就拿出了早已准备好的裹脚布，开始给坤泰裹脚。妈妈刚一动手，坤泰就已体会到裹脚并

49

不是一件好玩的事。越裹越紧，越紧越疼，坤泰先是大喊大叫，后来便是手足并用拼命挣扎，并边哭边喊："疼死啦！疼死啦！姐姐、姐姐，快救命啊！大伙快来呀！"

裹脚布被坤泰蹬得满地都是，第一次裹脚便在一场暴风骤雨中以失败而告终。

以后坤泰的妈妈又做了几次给她裹脚的尝试，尽管她是费尽心机，软硬兼施，坤泰却是再也不肯上这个当了。妈妈来软的一手时，坤泰就滚在妈妈怀里撒娇撒痴，使心慈面软的老太太下不了狠心。妈妈来硬的，则坤泰照例是大哭大闹不肯就范。总之，直到坤泰离家出走时为止，她仍然保留着一双不受侵犯的天足——这是我们的英雄赵一曼对封建旧势力斗争所取得的第一回合的胜利。

给儿子留下遗书

宁儿！

母亲对于你没有能尽到教育的责任，实在是遗憾的事情。

母亲因为坚决地做了反满抗日的斗争，今天已经到了牺牲的前夕了！

母亲和你在生前是永远没有再见的机会了。希望你，宁儿啊，赶快成人，来安慰你地下的母亲！我最亲爱的孩子啊，母亲不用千言万语来教育你，使用实际行动来教育你。

在你长大成人之后，希望不要忘记你的母亲是为国而牺牲的！

一九三六年八月二日

你的母亲赵一曼于车中

读完这两个片段，相信你对赵一曼豁达的一生有了更深刻的认识。她把自己年轻的生命贡献给了中华民族的解放事业，从她的这些事迹中，你得到了怎样的启发？

📘 人物名片夹

请结合书中的内容，为赵一曼填写下面这张档案表。

姓　名		出生年月		
年　龄		政治面貌		
家庭地址				
入团时间		入党时间		
牺牲时间				

📘 人物事迹图

赵一曼的一生是短暂而豁达的，她自幼追求真理，追求进步，不断探索，不断前进，把自己的一生奉献给了民族的解放事业，她以自己的行动树立起了一座历史的丰碑。让我们根据书中的内容，结合目录，说说赵一曼一生中有哪几项重大事迹。

冲破封建牢笼

赴东北勇担救国任

闹"仇教"英名震叙府

成大义千古颂美名

英雄大勋章

赵一曼为国为民不为家的豁达精神，正是我们应该发扬光大的民族魂。赵一曼身上到底具有哪些值得我们学习的精神？让我们开动小脑筋仔细思考，绘制成一颗五角星，表彰抗日女英雄赵一曼同志。

豁达的一生

忠贞报国、勇赴国难的爱国主义精神

休戚与共、团结御侮的国际主义精神

勇敢顽强、前仆后继的英勇战斗精神

不畏艰苦、百折不挠的艰苦奋斗精神

坚贞不屈、勇于献身的不畏牺牲精神

英模启示录

读完这本书，我们对赵一曼有了更多的认识，你印象最深的一点是什么？在生活中，我们也会碰到各种问题，遇到各种挫折，这时，我们可以想想赵一曼的事迹及品质，让她的精神引领我们克服困难。

📖 励志佳句坊

先天下之忧而忧，后天下之乐而乐。

——[宋] 范仲淹

不忧一家寒，所忧四海饥。

——[清] 魏源

人生不是一支短短的蜡烛，而是一支由我们暂时拿着的火炬，我们一定要把它燃得十分光明灿烂，然后交给下一代的人们。

——[英] 萧伯纳

📖 研学好线路

赵一曼纪念馆位于四川省宜宾市翠屏山腰的翠屏书院，现为全国百家爱国主义教育示范基地。馆前立有赵一曼的汉白玉雕像，馆内陈列有党和国家领导人的题词。

📖 书籍大链接

《太行浩气传千古——
抗日名将左权》
孙佩珊 / 编著

《将军恨不抗日死——
慷慨就义的吉鸿昌》
王丽波 / 编著

《杨靖宇》

吉林省有一个县叫靖宇县，正是为了纪念东北抗日名将杨靖宇。杨靖宇，这是一个如雷贯耳、响彻东北，让日本关东军闻风丧胆的名字。

九一八事变爆发后，由于国民党领导的东北军执行不抵抗政策，东北三省全部沦为日本帝国主义的半殖民地。日本关东军在东北大地上肆意地烧杀抢掠，发动了多次惨绝人寰的大屠杀。杨靖宇所领导的东北抗日联军第一路军就是在这样一片黑暗的土地上与敌人周旋，威震东北，有效地牵制了日本侵略中国的步伐。是怎样的事迹鼓舞着东北抗日联军勇往直前坚决抗日？是怎样的力量在他死后仍然震慑着敌人？打开《杨靖宇》，一起去触摸那段值得铭记的历史，去感受那留存世间的浩然正气。

童书微赏读

📖 封面品析

1. 仔细观察封面，你看到了哪些东西？

2. 当地的天气和环境应该是怎样的？杨靖宇心中又会想些什么？

刘虔 刘治平 / 著

📘 **目录一览**

　　这本书讲述了在民族危难之际，抗日英雄杨靖宇为工人发声，为农民起义，在黑暗的东北大地上与凶恶残暴的日寇和卖国求荣的叛徒进行顽强斗争的故事。读一读目录，你也能感受到杨靖宇身上那让日寇夜不能寐的浩然正气。

> 题记
>
> 血凝青史，那英雄拥有的岁月已成永恒
>
> 美丽的乡村，有一个苦难而勇敢的少年
>
> 从劳动神圣论，走进血与火的风暴中心
>
> 在民族危难的前哨，高擎抗击日寇的战旗
>
> 到南满的深山去，整建一支英雄的队伍
>
> 驰骋辉发江之南，孤悬敌后鏖战急
>
> 在抗日联军的旗帜下，进行最后的斗争（上）
>
> 在抗日联军的旗帜下，进行最后的斗争（下）

　　1. 想一想，杨靖宇的一生大概可以分成几个阶段？

　　2. 哪一章节的标题深深地击中了你的心？猜一猜发生了什么故事。

📘 **梗概导读**

　　自古英雄出少年，一身正气奋自勉。杨靖宇原名马尚德，年少丧父，由母亲独自抚养成人。他在校就接受了马克思主义思想，加入共产党并领导了确山农民起义。在党的领导下，马尚德化名杨靖宇前往东北，进入当时群众基础最为薄弱的"南满"地区，开始艰难的地下工作。在杨靖宇的坚持和努力下，这片黑暗的土地上燃起了解放的星星之火，并建立了东北抗日联军第一路军。杨靖宇率领部队为了民族的解放事业英勇战斗，护卫人民，多次

重创敌军。在最后一次战斗中，由于叛徒出卖，他陷入了敌人重兵的重重围困之中，孤身一人在冰天雪地中战斗了五天五夜，直至壮烈牺牲。

牺牲后，敌人剖腹探查，发现英雄的胃里只有一些未被消化的草根、树皮和棉絮。鬼子心悸难平，噩梦不断，最后他们为其举行了超度仪式。死了也不让魔鬼安宁，这就是杨靖宇的强大威力。杨靖宇英雄的热血与浩然正气浸入了他为之奋斗的东北大地，融进了林海雪原的皑皑白雪中，根植在我们中华儿女的灵魂里。

 精彩片段

杨靖宇"剔烂萝卜"行动

猪腰岭有个勾结日本人的地头蛇王发福，在吉昌开着个店铺，三天两头给日本人送礼、送钱，想抱住日本人的大腿往上爬。他心里想："如果游击队打下吉昌镇，我的希望不就落空了吗？"于是，到处散布流言蜚语，说："杨靖宇打不了胜仗，日本人来了照样砍你们的头！"想吓唬一些人，不去支持游击队抗日。

农民协会把这些情况告诉了杨靖宇。杨靖宇说：

"开个群众大会。"

第二天，人们来到会场上。

王发福也被叫来了，因为心虚，面色苍白。

杨靖宇站在高台上，看了看黑压压的人群，说："同胞们，我想提个问题：在一堆萝卜里，发现有一个已经坏了，是让这个烂萝卜去影响一堆呢，还是把它剔出去？"

"剔出去！"会场上齐声回答。

"这就对了。现在我们这里也有一个烂萝卜。"杨靖宇边说边把目光盯在已经浑身发抖的王发福身上，游击队两个战士也正好把枪口对准了他。

王发福一下子吓瘫了，鸡啄米一样地直点头："我有罪，我有罪……"

人们揭发着他的汉奸罪行，要求"剔"掉他。

杨靖宇最后说："我宣布，把王发福这样的汉奸地主铲除掉！"

"剔烂萝卜"的行动，有力地震慑着汉奸卖国贼，更鼓舞着广大群众的抗日热情。

想一想：杨靖宇和王发福分别是怎样的人？用几个词语形容他们。

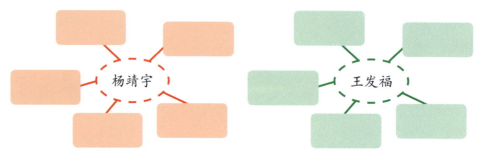

说一说：汉奸的行动会给抗日事业带来什么影响？

对共产党：

对百姓：

对祖国：

活动巧联接

📖 人物名片夹

阅读《杨靖宇》，让我们看到了抗日名将的一生，潜心读书，一起为杨靖宇设计一张名片吧！

姓名：_____

名字寓意：_____

原名：_____

生日：_____

职位：_____

突出贡献：_____

品质关键词：_____

📘 **品质成长树**

如果把杨靖宇的一生当成一棵树，那他的力量源泉就像甘露，浇灌着他，让他越来越强大。而树上的叶子就是他闪光的经历，值得我们铭记。

1. 找一找，书中杨靖宇的力量源泉有哪些，写在水壶上。

2. 想一想，杨靖宇将军在革命道路上面临着许多困难和诱惑，这些力量源泉帮助他做出了选择，哪些事件让你印象深刻，写在叶子上。

📘 奋斗历史轴

书中有一句话说得好："'杨靖宇'三个字几乎浓缩了中国共产党成立以后二三十年代的奋斗生涯，浓缩了中华民族求生存求解放的那段艰辛岁月。"为何这么说？让我们穿梭时光一起回到那个年代，看看共产党和杨靖宇的命运是如何紧紧相连的。

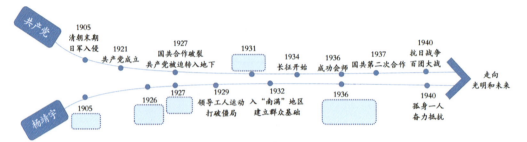

根据书本内容完成历史轴，对照党史和杨靖宇的抗战之路，结合具体的事情，说一说杨靖宇是如何跟党一起成长的。

我会想

📘 英模启示录

在当代社会，像杨靖宇这样一身正气的人有不少，但像书中程斌、王发福这样卖国求荣、满身"邪气"的人也存在。你会分辨这两种不同的人吗？你想对他们说什么？

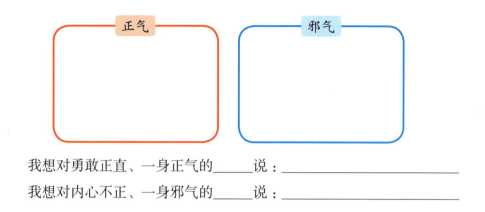

正气	邪气

我想对勇敢正直、一身正气的＿＿＿说：＿＿＿＿＿＿＿＿＿＿＿＿

我想对内心不正、一身邪气的＿＿＿说：＿＿＿＿＿＿＿＿＿＿＿＿

阅读大集结

📖 励志佳句坊

革命就像一堆火，看起来很小，可燃烧起来能照红了天，照亮黑夜。革命，不管遇到多大困难总会胜利的。

——杨靖宇

在白区做工人运动，不能于工人之外，必须职业化在工人之中，和工人同寝、同食、同作、同息，才能很好地了解工人的要求，领导工人斗争，组织与教育工人，自己才能得到最好的掩护。

——杨靖宇

一个忠贞的共产党员——民族革命的战士，为伟大的共产主义理想，为民族的解放事业，头颅不惜抛掉，鲜血可以喷洒，而忠贞不二的意志是不会动摇的，最后胜利的信心是坚定的，日寇威胁利诱的无耻手段，只可以玩弄那些民族败类。

——杨靖宇

将军气节，高白山，党员模范，抛头颅，慷慨激昂，求大解放。革命斗争为整体，哪管自己存和亡，千万人，景仰勋迹，永难忘。

——给杨靖宇的追悼词

📖 研学好线路

杨靖宇将军纪念馆位于河南省驻马店市驿城区古城乡李湾村。

📖 书籍大链接

读完这本书，相信革命英雄杨靖宇一定给你留下了很深的印象。还想进一步了解他吗？找来下面的书再读一读吧！

《艰苦抗战，威震敌胆——
著名抗日英雄杨靖宇》
周丽艳 / 编著

《杨靖宇传》
杨靖宇传编委会 / 编

9 跟狼牙山五壮士学不屈

《狼牙山五壮士》

狼牙山涧成壮志　　威震敌胆

易水河源舒正义　　万世流芳

——杨成武

你读过《狼牙山五壮士》一文吗？是否被五壮士临危不惧、忠贞不屈的革命精神所感动；是否被五壮士英勇顽强、坚贞不屈的民族气节所震撼？是否被五壮士勇于牺牲、誓死不屈的英雄气概所感染？

童书微赏读

📖 封面品析

1. 什么样的人能称为"壮士"？狼牙山五壮士是怎样宁死不辱此名的？

2. 观察封面中的五位战士，你脑海中浮现出了怎样的画面？

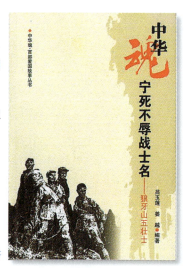

吕玉莲　姜越／编著

📖 **目录一览**

本书的目录，以小标题的形式向我们介绍了故事的关键内容。通过阅读目录，我们就能知道整个故事的大概内容及发展过程。仔细读读，看看哪些章节最吸引你。

📖 **梗概导读**

1941年日寇在河北易县扫荡。为掩护群众和主力部队撤退，五位八路军战士毅然把敌人引上了狼牙山棋盘坨峰顶绝路。弹尽粮绝、无路可退，五位英雄纵身跳下了万丈悬崖，用生命和鲜血谱写出一曲惊天地泣鬼神的不屈壮举。

在讲述五位战士壮举的同时，文章还穿插安排了"拓展阅读"，介绍了以八路军五勇士浴血抗击日寇、舍身跳崖而闻名于世的"狼牙山"，以及"狼牙山五勇士陈列馆""狼牙山五勇士纪念塔"等。

📖 **精彩片段**

（一）

敌人扑上来了。那一张张鬼脸看得清清楚楚。葛振林一急，不知哪来的那么一股劲，搬起一块大石头，举过头顶，向窜在最前面的一个日本兵砸去。四五个敌人像猪一样嚎叫着滚入深谷。

又一块大石头从山顶滚了下去，把敌人砸得呲哇乱叫，一块一块石头落在他们的头上。日本兵立刻像被击中的乌鸦，飘飘摇摇地掉进万丈深渊。

"好啊，砸呀！"胡福才高兴地大声呼叫。大伙儿纷纷搬起石头，狠

命向敌群砸去。石头撞击着日本兵，日本兵夹杂着石头，稀里哗啦地滚了下去。

（二）

葛振林从昏迷中醒来，又遇到了战士宋学义，于是两人爬到了一个叫"欢喜台"的地方。宋学义伤得很重，大口大口地吐血。葛振林和宋学义拄着棍子相互搀扶着朝棋盘坨方向缓缓移动。突然，不远处有个黑影闪动。通过仔细辨认像是当地老百姓。对方也看清了这两位伤者穿着八路军军装，就迎了上去。他就是狼牙山区青年抗日救国会主任余药夫。

余药夫先在前边探一会儿路，再返回来搀扶两位受伤战士向前走一段，三人缓慢地移动着，终于来到了一座道观。余药夫摸黑打了半桶水，将八路军撤退时没来得及吃的两锅小米饭热了热。正准备吃饭时，七连的司号员李文奎进来了，他也是在战斗中被打散，掉队的。

第二天早晨，余药夫找到了一把新鲜的韭菜，继续为大家做饭，这一顿是韭菜炒饭。葛振林高兴地说："这一顿比上一顿更好吃。"

余药夫出门观察敌情时，发现一位道士，后来知道这位道士叫李元忠，是这个道观的住持——传说日本兵列队向跳崖的五壮士敬礼，就是他躲在崖缝中亲眼所见。

葛振林从道士那里得知，日本鬼子今天不会上山，就决定下山去找部队。葛振林他们拱手告别李元忠道士，余药夫也与三位八路军战士一一握手告别。没想到这一分别竟整整45年！并且这一次分别，就再也没能见到宋学义和李文奎。不知是命运的安排，还是历史的巧合，45年后，还是在狼牙山，余药夫同葛振林再次相见。

面对大规模进攻的敌人，狼牙山五壮士毫不畏惧、顽强不屈，与敌人展开肉搏战；在弹尽粮绝时，五壮士急中生智，搬起一块块大石头，举过头顶，向敌人头上砸去，敌人像猪一样嚎叫着滚入深谷，像乌鸦一样飘飘

摇摇掉进万丈深渊。

　　读着文字，我们被五壮士奋勇杀敌、宁死不屈的精神深深地感动了。五壮士跳崖后，宋学义和葛振林幸运地活了下来，他们是怎样爬上陡峭的悬崖，逃过敌人的眼睛，追上远去的部队的呢？英雄背后还有怎样不易、不屈的感人事迹？"拓展阅读"为我们揭开了谜团，让我们看到了八路军战士刚毅不屈的优秀品质，看到了当地百姓对八路军的无私帮助。

　　📘 绘制作战图

　　五战士接受任务后，为了拖住敌人，让部队主力和群众安全转移，在班长马宝玉的指挥下，分头埋伏在"阎王鼻子"和"小鬼儿脸"等险要处，他们是怎样不屈不挠地与敌人战斗、周旋，引其上棋盘坨顶峰的呢？请同学们赶快读故事，挑战完成五壮士作战图吧！

📖 **故事发展轴**

六班的五位战士为了完成连队交给的战斗任务，他们是怎样顽强不屈地与敌人进行战斗？敌人又有怎样的举动？请你按照事情的发展顺序完成情节图。

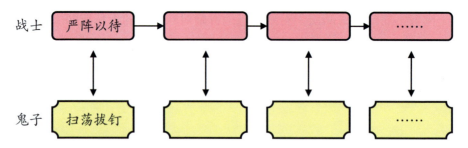

战士 | 严阵以待 → ☐ → ☐ → ……

鬼子 | 扫荡拔钉 ☐ ☐ ……

📖 **人物名片夹**

通过阅读，你知道六班的五位战士分别是班长_____，副班长_____，战士_____、_____、_____。

这五位战士谁给你留下的印象最深？请选择令你印象最深的一个人物制作人物名片夹。

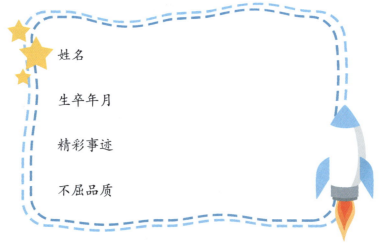

姓名

生卒年月

精彩事迹

不屈品质

温馨提示：可以从生卒年月、精彩事迹、不屈品质等方面来制作。

📖 英模启示录

　　书的最后，作者用比较长的篇幅介绍了幸存者之一葛振林。退养后的葛老，有一半以上的时间在给孩子们做报告、写回信。假设铮铮不屈的葛老来到学校，给我们做报告，你想对他说些什么？请把你最想对葛老说的话写下来吧！

阅读大集结

📖 励志佳句坊

　　天行健，君子以自强不息；地势坤，君子以厚德载物。

——《周易》

　　人到了山穷水尽的地步，而能够自拔，才不算懦弱！

——徐悲鸿

人在逆境里比在顺境里更能坚强不屈，遭厄运时比交好运时更容易保全身心。

——［法］雨果

人的生命似洪水在奔流，不遇着岛屿、暗礁，难以激起美丽的浪花。

——［苏］奥斯特洛夫斯基

除了我们自己以外，没有人能贬低我们。如果我们坚强，就没有什么不良影响能够打败我们。

——［美］华盛顿

 研学好线路

狼牙山五勇士陈列馆

狼牙山五勇士陈列馆位于河北省保定市易县狼牙山脚下。馆内设有图片、历史资料、抗战文物、战斗场景等四个展厅，生动再现了我抗日军民在党的领导下，抗击日寇、保家卫国的英雄业绩和悲壮历史。

📘 书籍大链接

《死也不当亡国奴——　　《狼牙山五壮士》（连环画）
镜泊抗日英雄陈翰章》
隋加平　雷方舟 / 编著

10　跟张思德学服务

《张思德》

《为人民服务》是毛泽东主席为追悼张思德而发表的著名演讲。毛主席说："人固有一死，或重于泰山，或轻于鸿毛。……张思德同志是为人民利益而死的，他的死是比泰山还要重的……"张思德到底是一个怎样的人，能得到毛主席如此高的评价？

《张思德》一书，讲述了张思德贫苦出身、少年参军、部队立功，最后英勇牺牲的一生。故事内容感人至深，发人深省。让我们一起走进这部经典去认识他吧。

童书微赏读

📖 封面品析

仔细看封面，你看到了什么？你觉得张思德会是一个怎样的人？

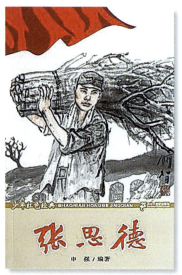

申强 / 编著

📖 **目录一览**

本书把张思德一生重要的经典故事按时间顺序进行了编排，读一读目录，你可以感受到张思德奋斗拼搏、为人民服务的一生。

📖 **梗概导读**

张思德小名"谷娃子"，他是在谷雨时节出生、吃谷米糊糊长大的苦

孩子。苦孩子只有革命才有出路，于是他参加红军，经历了艰苦卓绝的两万五千里长征。在战场上他英勇杀敌，在后方机关，他服从分配，兢兢业业，无论是做警卫班长还是进山烧炭，他始终保有一颗积极上进、勇挑重担的心，见困难争先，有好事让人，直到炭窑突然崩塌，为救战友，不幸牺牲，年仅29岁。毛主席在追悼会上发表了题为《为人民服务》的讲演，说："张思德同志是为人民利益而死的，他的死是比泰山还要重的……"张思德的典范形象、革命精神和感人事迹，将被永远传颂。

 精彩片段

为革命献身

在石峡峪烧炭时，他除了指导各小组作业外，还与警卫队战士白满仓、朱旭明和李喜文组成一组，挖窑烧炭。朱旭明和李喜文在炭窑附近树林里伐青冈木，白满仓和张思德挖炭窑。

刚开始，是小白先挖，因为窑洞小，容不下两个人一起动手。小白挖了一会，张思德对他说："小白，你出来，我来挖一会。"

小白说："我不累。"

张思德说："累不累，这活我明白，怎么会不累？"说着猫下腰钻进了窑里，把小白推出窑口。张思德蹲在半人多高的窑里，用镐拓宽窑壁。刨下来的土，铲到窑口，再由小白一锨一锨地清理到窑口之外。

这时，天淅淅沥沥下起了小雨。但大伙热情很高，虽然下小雨，伐木的挖窑的都照干不歇。到了傍午，窑洞基本挖成，张思德在窑里，用小镢头细细地修理洞壁，把凹凸不平的地方刮平修光。小白也在窑内靠窑口的地方修理窑壁。

就在这时，只见窑顶啪啪啪向下掉碎土。张思德凭经验觉察出险情，他对在窑口的小白说："不好！有危险！"说时迟，那时快，只听"轰隆"

一声，两米厚的窑顶塌了下来。

小白被埋在窑口，但他的膀子和头没被埋在土里，于是他便喊道："救命呀！窑塌啦！张思德被压在窑里头啦，快来救命啊！"

正在树林里伐木的朱旭明和李喜文二人听到喊声，便向炭窑跑来。

他们看见小白张着嘴，喘着粗气，脸已变成紫色。他们一边使劲用手扒开埋在小白身上的窑土，一边拼命地往外拽他。

"快，快，里头的——张思德！"小白刚从土里脱身，就大声地说："张思德被埋在窑里啦！"于是他们边用双手扒土，边一齐扯着嗓子呼喊起来。大家争分夺秒地扒呀，刨呀，终于扒到了张思德。

大家见到张思德时，他盘腿坐着，一把小镢头柄死死地顶住他的胸口，他眼睛紧闭，脸色乌紫，嘴角渗出了血丝，已经停止了呼吸。

张思德牺牲了，战友们把他的遗体停放在窑前的青石板上，向他肃立默哀。这个使人永远难忘的日子，是1944年9月5日。

（有删节）

📖 人物名片夹

请结合书中的内容，为张思德填写下面这张档案表。

姓　名		出生年月		
年　龄		政治面貌		
家庭地址				
参军时间		入党时间		
牺牲时间				

📖 **人物成长梯**

张思德从一个贫苦出身的"苦孩子"一步一步成长为一位"永远活在人民心中",被毛主席赞扬"他的死是比泰山还要重的"的英雄模范。让我们根据书中的内容,结合目录,把张思德的重要成长历程设计成一幅成长阶梯图。

📖 **人物品质花**

读完本书,张思德身上那些美好的品质一定深深地感动了你,请你把书中能表现张思德美好品质的词找出来,填在圆圈里,绘制成一朵美丽的品质花,送给"一代英模"张思德同志。

英模启示录

在张思德众多美好的品质中，让我们感受最深的就是他那全心全意
（　　　　）的品质。结合你的生活实际，说说他会给你今后的学习和生活
带来怎样的启发和影响。

_____

_____

_____

励志佳句坊

我是革命一块砖，哪里需要哪里搬！

——张思德

为人民利益而死，就比泰山还重；替法西斯卖力，替剥削人
民和压迫人民的人去死，就比鸿毛还轻。

——毛泽东

采得百花成蜜后，为谁辛苦为谁甜。

——［唐］罗隐

鞠躬尽瘁，死而后已。

——［三国］诸葛亮

 研学好线路

张思德纪念馆

张思德故居

 书籍大链接

《张思德》
（革命英模人物故事
绘画丛书）

《张思德》（电影实录）
刘恒／著

《张思德》（连环画）
杨国光

《刘胡兰》

　　十五岁，本该在学校里心无旁骛地学习；十五岁，本该在父母的关怀下无忧无虑地成长；十五岁，本该和伙伴们快乐地玩耍。而十五岁的刘胡兰，为了保护共产党的机密不外泄，任凭敌人软硬兼施、威逼利诱，她百般不从、英勇就义，献出了自己年轻的生命，永远地离开了亲爱的家人、朋友。

　　成长的过程中，有泪有笑，有苦有甜。每一个灾难、挫折都是一阵狂暴的风，只要你"咬定青山不放松"，一定能从一棵幼小的树苗变成挺拔的大树，从一只脆弱的雏鹰成长为强壮的雄鹰。

📖 封面品析

　　封面上的女孩正是刘胡兰，这幅图描绘了她英勇就义前的场景。请你仔细观察她的神态、动作，她给你留下了怎样的印象？

杏绵／编著

📖 **目录一览**

1. 通过读目录,你能预测出这本书大概写了什么吗?

2. 这本书中哪些章节最吸引你?

📖 **梗概导读**

  刘胡兰生长在山西省文水县云周西村。在反动的封建军阀阎锡山统治的黑暗年代,恶霸地主对农民进行残酷的剥削,刘胡兰的心里从小就种下了仇恨的种子。刘胡兰从村里抗日干部讲述的故事里,了解了根据地军民不怕流血、不怕牺牲,与敌人英勇战斗的动人事迹,懂得了革命的道理。

  1945 年秋天,刘胡兰背着家人只身到汾河贯家堡村,参加妇女解放培训班,潜心学习。结业回村后,担任村妇救会秘书,组织妇女办冬学,帮助烈军属解决困难,支前和慰问部队等。她与党员一起,发动群众斗地主、送公粮、做军鞋,动员青年报名参军。1946 年 12 月,阎锡山匪军实施报复行动,中共八地委决定让平川地区大部分干部转移上山。刘胡兰以

自己年纪小、熟悉环境为由，主动要求留下来。1947 年 1 月 12 日，国民党突然包围了云周西村，刘胡兰因叛徒告密而被捕。审讯中，敌人软硬兼施，想诱使刘胡兰供出同党。面对敌人的威胁，刘胡兰坚贞不屈，毫无惧色，最后从容地走向被鲜血染红了的铡刀，壮烈牺牲。

毛主席为这位党的最年轻的女烈士亲笔题词："生的伟大，死的光荣。"

 精彩片段

撞上了敌人

她们快走到南白家庄的时候，天已亮了。临进村，吕梅迟疑不决地停下来。她们向村里望了半天，望不见一个人影。吕梅像自言自语，又像对胡兰说道：

"怎么不见队伍上的哨兵呢？"

情况这么复杂，她们不得不提高警惕啊！两个人坐在路旁土堰上，一面休息，一面等村里有人出来好问问情况，可是等了好一阵也看不见人影。吕梅把小包袱递给胡兰说道：

"你在这里等一等，我进村去看看。"

胡兰争着要去，她不愿意让吕梅去冒险。可是吕梅说这村的情况她熟悉，大小干部都认识。说完她就大踏步走进村里去了。

吕梅走了不多久，就听见村北边响起一片枪声。枪声愈来愈密，喊杀连天。胡兰不由得吃了一惊，忙站起来向村中张望，隐约看见街上有人奔跑，接着就看见有些人跑出村来，有男有女，有的提着包袱，有的拉着小孩。胡兰忙上去，急忙向他们打问情况，人们一面惊慌失措地向南跑，一面告她勾子军来了。她又问文交支队在不在村里？有人说文交支队昨天后半夜就转移走了。胡兰听了，心里急得直跳。她不顾一切地向村里跑去，

想赶快找到吕梅，跑了没多远，迎头又碰上几个逃难的群众，内中有个老汉，气喘吁吁地拉住她训斥道：

"你是想找死呀！怎么往勾子军那边跑！"

胡兰只好转身跟着人们往回跑，躲到一片坟茔里。

这是一座古老的大坟茔，有大大小小成群的坟堆，长着高高矮矮许多树木，有粗壮的松柏，也有落掉叶子的其他杂树。坟墓和树木之间罗列着许多石碑、石桌，看来这是大户人家的老坟。在平川里，这就是最好的隐蔽场所了。

胡兰向所有的人打听吕梅的下落，谁都说不清楚。胡兰急得真不知该怎么办才好。她趴在一个最大的坟头上，两眼一眨不眨地向村里张望着，她多么希望看到吕梅从村里跑出来呀！可是望了好半天，也看不到吕梅的影子。后来看到村边上站上敌人的哨兵了。胡兰心里不由得凉了半截。她一扭头，忽然瞭见从南边开来一批勾子军。紧接着，西边大路上也发现了敌人。这两股敌人，都向南白家庄奔跑。看样子敌人是企图围歼文交支队。胡兰知道文交支队已经转移了，不由得暗自庆幸。后来的两股敌人都进了村。一会儿村里冒起一股股浓烟，敌人在烧房子。

这片坟茔离村不太远，躲在坟地里的人们都不敢行动，怕暴露目标引来敌人。太阳已近正午，还不见敌人有啥行动。胡兰跑了半夜路，直到现在还未吃东西，肚里早就饿了。她解开包袱，拿出昨夜李大嫂给她们的干饼，刚咬了几口忽见几个小孩子眼睁睁地望着她，还有的倒在妈妈怀里喊饿。胡兰再也吃不下去了，就把几个干饼取出来，全都分给了孩子们。在这时候，谁也没对胡兰说一句感谢的话，人们都用尊敬的目光望着她笑笑。

胡兰惦记吕梅，坐卧不安。她躺在乱草中，想睡一会儿，哪里能睡着，脑子乱极了，一会儿出现吕梅被敌人捉住拷问的情形；一会儿又出现抗日时期牺牲了的那些英雄们。胡兰想：自己要像他们一样，不能轻而易举地撞敌人的刺刀，但需要自己为革命牺牲的时候，也要挺身而出！

读了这个片段，你对刘胡兰一定有了更深刻的认识，她具有哪些优秀的品质？请写在下面的括号里吧！

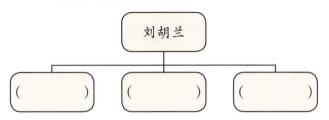

📁 人物名片夹

请你根据书的内容填一填，帮助我们的主角完成她的名片信息。

📁 人物成长梯

生活的磨砺使刘胡兰成长，更激发出她内心的力量，使她越来越坚贞不屈。你能根据书中故事情节的发展完成下面的情节梯吗？

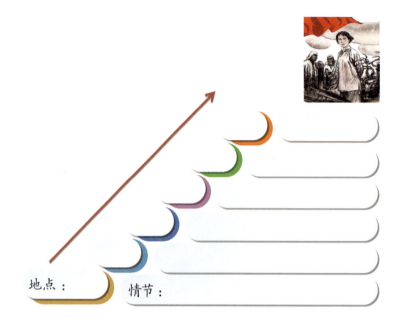

地点：

情节：

📖 **成长大抉择**

在刘胡兰的成长历程中，她面临过许多关键的抉择。同桌议一议，如果你是刘胡兰，你会做出哪种选择？请把自己的理由写在意见椅中。

抉择 1：1946 年秋，阎锡山匪军决定实施报复行动，大举进袭文水一带。文水县委决定留少数武工队坚持斗争，大部分干部转移上山。刘胡兰接到转移通知后，她会做出怎样的选择？

转移还是留下？

转移   留下

抉择 2：刘胡兰被捕后，敌人软硬兼施，想诱使她供出同党。面对敌人的威胁，刘胡兰会做出怎样的选择？

说还是不说？

说   不说

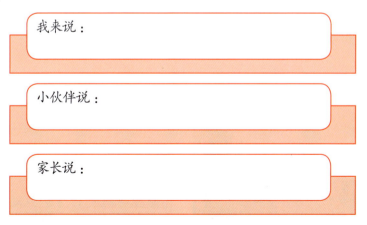

英模启示录

同学们，我们的内心也要住进一位强大的导师，她的名字叫"坚贞"。要坚信"我能行"，用自己的智慧去战胜困难，做生活的强者。

让我们以"坚贞"为议题，结合书中的故事，联系生活，说说自己的观点吧！

我来说：

小伙伴说：

家长说：

 励志佳句坊

> 富贵不能淫，贫贱不能移，威武不能屈。
>
> ——《孟子·滕文公下》
>
> 洛阳亲友如相问，一片冰心在玉壶。
>
> ——[唐]王昌龄
>
> 人生自古谁无死，留取丹心照汗青。
>
> ——[宋]文天祥
>
> 天下兴亡，匹夫有责。
>
> ——[清]顾炎武

研学好线路

刘胡兰纪念馆坐落在山西省文水县刘胡兰村南。

刘胡兰村

刘胡兰纪念馆

刘胡兰故居

书籍大链接

《刘胡兰的故事》　　《巾帼英豪刘胡兰》　　《我的胞姐刘胡兰》
徐德泉/编著　　　　张俊山/主编　　　　刘爱兰/口述　司承志/执笔

12 跟董存瑞学智勇

《董存瑞》

董存瑞舍身为国，精神永存。他不惜牺牲自己宝贵的生命去炸碉堡，保家国！

他遇事机智英勇，人们都称董存瑞为"爆破元帅""战场英雄"。让我们阅读《董存瑞》，看看他的智勇体现在哪些地方。

童书微赏读

📖 封面品析

看封面上的董存瑞，手举炸药包，目视前方，慷慨激昂，你想用什么词语来描述他呢？

员晓博 / 编著

📘 目录一览

1. 浏览目录，你发现作者是按什么顺序写下来的？

2. 关注小标题，你觉得哪些章节最能体现董存瑞的智勇？

📘 梗概导读

董存瑞，1929 年 10 月 15 日生于河北省（原察哈尔省）怀来县南山堡村的农民家庭。

1940 年，南山堡建立抗日政权，董存瑞参加了儿童团并被选为儿童团团长。13 岁时，因成功掩护区委书记躲过侵华日本军队的追捕，被誉为抗日小英雄。15 岁就成为一名出色的小民兵。

1945 年春，董存瑞参加了当地抗日自卫队，同年 7 月参加了八路军，成为一名人民军队的战士，历任副班长、班长。

1946年4月初,在察北重镇独石口遭遇战中,他夺下国民党军的一挺机枪,被记大功一次,被授予勇敢奖章。

1947年初的长安岭狙击战,他在班长牺牲、副班长受重伤的情况下,挺身而出,自任班长,如期完成了狙击任务,立大功一次。此后,董存瑞立过三次大功、四次小功,荣获三枚勇敢奖章和一枚毛泽东奖章。

1947年3月,在平北整训期间,董存瑞加入中国共产党。

1948年5月初,董存瑞所在部队参加冀热察战役。

5月25日,在解放隆化县的战斗中,因部队受阻于敌人的桥型暗堡,董存瑞毅然抱起炸药包,在左腿负伤的情况下,冲至桥下。因身边无处安放炸药包,紧急时刻,董存瑞用自己的身体充当支架——手托炸药包。牺牲时,他未满19岁。

 精彩片段

董存瑞舍身炸碉堡

董存瑞夹起一个加大的炸药包,和郅顺义迅速接近敌人的暗堡。敌人的机枪依然疯狂地扫射着,没有一刻停歇。两人配合默契,忽左忽右地接近着敌人的暗堡。一班长也带着几名战士紧跟在后面,他们递给郅顺义一个加大的炸药包。董存瑞和郅顺义快要接近前沿的开阔地时,董存瑞对郅顺义大喊:"你在这里掩护!"

董存瑞和郅顺义一起躲在一个小土包后面,观察了一下敌情。前面的开阔地是敌人火力最容易攻击到的地方,只要冲过去,就能到达旱河里,从旱河往前,到达敌人的桥型暗堡下,敌人的机枪就打不到了。董存瑞看好路线,又整理了一下炸药包,然后对郅顺义说:"老郅,我先上。如果……我没能完成任务,你一定要继续!"郅顺义说:"班长,你放心!"董存瑞转向前方,大喊:"投弹掩护!"郅顺义迅速扔出几颗手榴弹,敌人

的路障被炸开一个缺口。董存瑞借着烟雾，冲到了开阔地带。敌人见有人冲了过来，迅速密集地朝开阔地射击，子弹把董存瑞身边的地面打得土星四溅。董存瑞灵敏而不慌乱，他抓住敌人换弹夹的间隙，时而前进，时而匍匐，迅速地向前突进了好几米。

突然，董存瑞的一条腿中弹了，郅顺义的心猛地提到了嗓子眼。他正准备上前营救，只见董存瑞又爬了起来，快速前进，跳进了旱河的河道里。郅顺义又连忙扔出几颗手榴弹，吸引敌人的火力。董存瑞趁机越过旱河里的壕沟，来到了敌人的桥型暗堡下。

郅顺义心里暗暗为他高兴，可是他还没高兴一会儿，就发现不对劲了：只见董存瑞在桥下转来转去，找不到合适的炸药包安放点。桥距地面有一人多高，两面是光滑的石壁，桥沿也是平的，没有地方可以放置炸药包；放在地上，爆炸的威力又不够。董存瑞在四周也找不到可以做支撑的东西。而就在此时，敌人已经发现了在桥下的董存瑞，准备从侧面朝他射击。郅顺义看到这些，又急又气，却被敌人的火力压得抬不起头来。

这时，总攻的冲锋号响了起来。解放军战士们跃出战壕，如潮水般地涌上前来。可是敌人的机枪依然在疯狂地向外吐着火舌，冲在前面的勇士们纷纷倒下。

董存瑞急得两眼冒火。猛然间，他当机立断，昂然站在桥底中央，一手托起炸药包，一手拉燃了导火索……

郅顺义看到这一幕，惊呆了。他不顾一切地冲出掩体，朝董存瑞奔了过去。董存瑞瞪着他，示意他卧倒。导火索刺刺地冒着白烟，董存瑞两眼坚毅地望向前方，高呼："为了新中国，冲啊！"

随着天崩地裂的一声巨响，敌人的桥型暗堡被炸掉了。董存瑞呢？郅顺义仿佛看见他的好班长、人民的好儿子董存瑞屹立在火光中……他用生命为战友们打开了通往胜利的大门！

郅顺义立刻爬了起来，拿起身边的炸药包，冲到隆化中学的围墙边，炸开一个缺口，然后也大喊："同志们，为了新中国，冲啊！"

成千上万的战士们高呼着这一口号，冲进了隆化中学。敌人仓皇逃窜，被解放军全部歼灭，隆化中学据点被拿下。没过多久，隆化城解放了。

读完这个片段，你觉得董存瑞的智勇主要体现在哪些方面？来吧，敞开思绪，动手写下来吧！

📘 人物名片夹

读一书，明一人。请结合书中的内容，为董存瑞填写下面这张档案表。

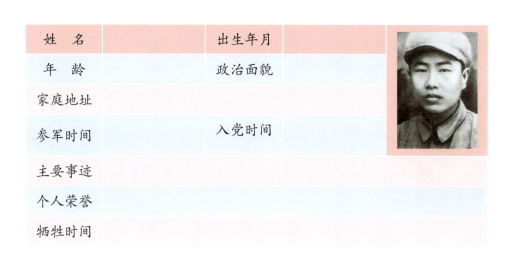

姓　名		出生年月	
年　龄		政治面貌	
家庭地址			
参军时间		入党时间	
主要事迹			
个人荣誉			
牺牲时间			

人物成长梯

　　董存瑞是怎样从一个贫苦出身的"苦孩子"一步一步成长为一位"永远活在人民心中"的全国战斗英雄的？让我们根据书中的内容，结合目录，把董存瑞的重要成长历程设计成一幅成长阶梯图。

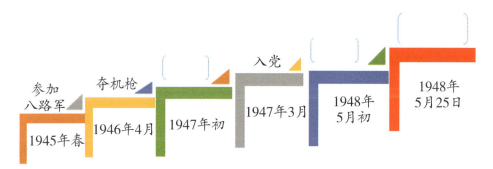

参加
八路军
1945年春

夺机枪
1946年4月

1947年初

1947年3月

入党

1948年
5月初

1948年
5月25日

英雄故事链

　　细心观察下图，可以帮助你更快更完整地讲述董存瑞的成长故事。

烽火少年	·出身贫苦 ·智斗"刘大肚子"
儿童团长	·智救王主任 ·
参加民兵	·痛失领路人 ·
加入 八路军	·火屋救孩童 ·
爆破元帅	·模范工事 ·
舍身 炸碉堡	· ·

📖 英模启示录

一面旗，一个人，一段故事。时代楷模董存瑞的一生是顽强拼搏的一生，是流血奋斗的一生，更是无私奉献的一生。榜样的力量是无穷的，他如一盏明灯，一定会指引着你不断前行。结合你的生活实际，说说董存瑞带给你哪些有益的启发。

励志佳句坊

有卓越智力作用指导的胆量是英雄的标志。

——[德]克劳塞维茨

人只有一生一死，要死得有意义，死得有价值。

——邓中夏

英雄就是这样一个人，他在决定性关头做了为人类社会的利益所需要的事。

——[捷]伏契克

研学好线路

河北省怀来县董存瑞故居　河北省隆化县董存瑞烈士陵园　怀来县董存瑞纪念馆（旧馆）　隆化县董存瑞纪念馆（新馆）

📘 书籍大链接

《董存瑞》
刘凤禄 / 主编

《歌唱英雄董存瑞》
白东升　吕小山　肖虹 / 编

13 跟王进喜学报国

《王进喜》

这是一种激励无数国人的精神——铁人精神，这是一个传遍全国的名字——王进喜。从出生到逝世的 47 个不平凡的春秋，他为祖国石油工业的发展和社会主义建设立下了不朽的功勋，是中国石油工人的光辉典范，是中国共产党人的报国楷模。

王进喜从玉门来到大庆油田参加石油大会战，为祖国发展带来了什么样的改变呢？让我们阅读《王进喜》，重回当年如火如荼、艰苦创业的峥嵘岁月。

📘 封面品析

1. 仔细阅读封面，你看到了什么？你猜想王进喜的职业是什么？

2. 看着封面和题目，你猜想这本书会写些什么呢？

褚兢 / 编著

📖 **目录一览**

这本书把王进喜一生重要的经典故事按时间顺序进行了编排，读一读目录，你也可以感受到王进喜奋斗拼搏、为人民服务的一生以及爱国、创业、求实、奉献的"石油魂"。

1. 通过读目录，你能猜到这本书大概写了什么内容吗？我们可以把故事划分为几个部分？

2. 浏览目录后，你觉得这本书中哪些章节深深地吸引了你？

📖 **梗概导读**

王进喜出生于贫苦的农民家庭，出生时正好十斤，从小被称为"十斤娃"。长大后，父母为他起名王进喜。在灾难深重的旧中国，王进喜受尽苦难。1938 年，他进旧玉门油矿当童工，干着重活，还经常挨工头的打骂，但他不甘受辱，奋起反抗。正是这苦难的经历和恶劣的生存环境，炼就了他刚

毅坚韧、倔强不屈的性格。

　　1950年，王进喜通过考试成为新中国第一代钻井工人，1956年加入中国共产党。他率领1205钻井队艰苦创业，打出了大庆第一口油井，并创造了年进10万米的世界钻井纪录。1960年，由于地层压力太大，钻井队打到700米时发生了井喷，王进喜不顾腿伤，扔掉拐杖，带头跳进泥浆池，用身体搅拌泥浆，最终制服了井喷。他的"铁人精神"和"大庆经验"，激励了一代代的石油工人。

 精彩片段

用身体搅拌水泥

　　王进喜来到钻台上，观察着设备的各个操作环节。忽然，他发觉泥浆返回的气味似乎不正常。钻机的深度指向700米。莫非是地层压力太大，打到油层——油气返上来了？王进喜直奔泥浆池边，趴在泥浆槽子上，用鼻子反复闻辨。小周干脆用手捧起泥浆，放到鼻尖上闻："师傅，确实是油气味！"王进喜顿时两眼喷火、青筋直暴，大叫一声："不好，有气浸现象！副司钻，快去报告总调度，急送重晶石粉！"

　　瞬间，井场上每个人都神情紧张起来。钻盘那儿，泥浆已经开始往上直喷，油气味越来越重，转眼间，就形成了粗大的水柱冲向空中，一股强大的地层压力裹挟着石油和天然气，以及井筒里淤积的泥浆，像地下怪兽一样吼叫着直冲云天！井喷了！

　　工人们都围上来说："队长，该怎么办，您说了算！我们听您的！"王进喜接过小周递上的双拐，来到泥浆池旁，对小周说："情况紧急，不能再等重晶石粉了，赶快往泥浆里加水泥！"为了压住井喷，当时唯一的办法是往泥浆池中加水泥和黄土。王进喜组织大家迅速搬来水泥往浆池里倒。可是问题也跟着出现了：大量的水泥沉入池底，泥浆溶和不好，比重上不

去，还糊住了池底的上水管口，泵不上水来。现场又没有搅拌机，连个泥浆枪也没有。当倒进二十多袋时，管泥浆的副司钻高喊："队长！水泥结成团啦……"

在这千钧一发之际，王进喜心中一紧，他不顾自己的腿伤，不顾泥浆烧人，双手扔了拐杖，把身上的老羊皮袄一甩，纵身跳进两米多深的泥浆池，手划脚蹬，用自己的身体搅拌起了泥浆！转眼间就人影莫辨，只听得见"噗噜噗噜"的翻浆声。

经过整整三个小时的紧张搏斗，钻机的吼叫不知什么时候恢复了歌唱，井喷也从噩梦中逐渐停止了疯狂。人们急忙将王进喜从泥浆中拉上来。此时的王进喜已经精疲力竭，伤腿上的绷带纱布已不知去向，伤口被碱性很强的泥浆浸泡、冲刷，变得血肉模糊，身上、脸上、手上也被泥浆中的烧碱、化学药剂烧出了血泡，大家刚把他拉上来，他就昏倒在工地上。

（有删节）

读完这个小故事，你发现钻井台和泥浆池的位置关系了吗？来吧，敞开思绪，动手填一填！

📖 人物名片夹

读一书，明一人。让我动手为王进喜这位一代铁人做一张"铁人名片"。

姓　名		出生年月		
小　名		职　业		
祖　籍		性　格		
入党时间		所在钻井队		
铁人事迹				

📖 名人成长路

出身贫苦的"十斤娃"是如何成长为一个为国家分忧解难、为民族争光争气的英雄的？让我们根据书中内容，绘制王进喜的成长报国之路。

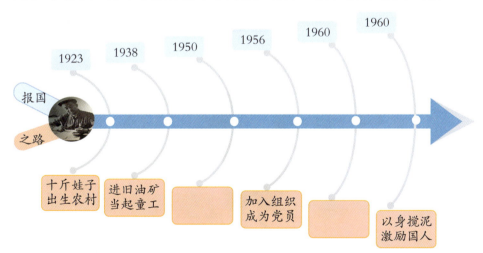

报国之路

1923 — 十斤娃子出生农村

1938 — 进旧油矿当起童工

1950 —

1956 — 加入组织成为党员

1960 —

1960 — 以身搅泥激励国人

📖 **故事情节轴**

当你读完精彩片段，你一定能用自己的语言将故事讲给大家听。细心观察下图，试着给大家讲一讲王进喜的报国故事吧！

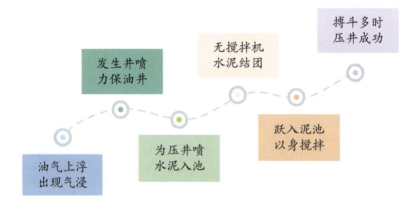

搏斗多时
压井成功

无搅拌机
水泥结团

发生井喷
力保油井

跃入泥池
以身搅拌

为压井喷
水泥入池

油气上浮
出现气浸

📖 **英模启示录**

王进喜是吃苦耐劳的实干家，也是科学求实的典范。他身上体现出来的"铁人精神"，激励了一代代的石油工人。王进喜身上有哪些值得你学习的精神品质？来吧，敞开思绪，动手写下来吧！

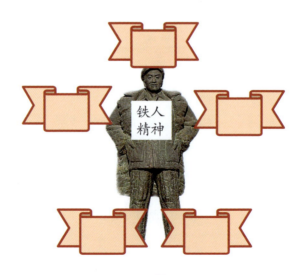

铁人
精神

阅读大集结

励志佳句坊

以国家之务为己任。

——[唐]韩愈

祖国如有难，汝应作前锋。

——陈毅

力争使祖国变得更加美好的人才是最爱国的。

——[英]英格索尔

人类的最高精神面就是爱国。

——[德]荣格

我没有别的东西奉献，唯有辛劳泪水和血汗。

——[英]丘吉尔

如果有一天，我能够对我的公共利益有所贡献，我就会认为自己是世界上最幸福的人了。

——[俄]果戈里

研学好线路

坐落于大庆的铁人王进喜纪念馆是我国第一座工人纪念馆。纪念馆以"爱国、创业、求实、奉献——石油魂"为主题，展厅总面积4790平方

米，展出展品 1780 件。现为国家一级博物馆、全国爱国主义教育示范基地、全国十大陈列展览精品、中国石油企业精神教育基地、大庆油田企业精神教育基地、大庆市廉政教育基地。

书籍大链接

《王进喜的故事》
青少年红色励志故事丛书
编写组 / 编写

《铁人王进喜纪念馆》
铁人王进喜纪念馆 / 编著

14　跟焦裕禄学为民

《焦裕禄》

　　这是一位让人民群众无限敬仰的共产党人。他心里装着人民，唯独没有他自己；他为人民鞠躬尽瘁，死而后已。他，就是当代人民公仆、县委书记的好榜样——焦裕禄。他心系人民，关心民瘼，顶风冒雪，进民舍、入窝棚，把党的温暖送到群众心中；他带领兰考人民压盐碱、疏内涝、防风沙，敢叫日月换新天；他作风扎实，深入百姓之中，一切从实际出发；他廉洁奉公、严于自律；他顽强地与病魔抗争，生命不息，奋斗不止……毛主席为他题词"为人民而死，虽死犹荣"，江泽民同志为他题词"向焦裕禄同志学习，全心全意为人民服务"，习总书记也曾作词《念奴娇·追思焦裕禄》。焦裕禄到底有哪些事迹呢？让我们阅读《焦裕禄》，相信你也会被感动的。

📖 封面品析

　　封面上的人物正是焦裕禄，他双手叉腰，笑容和蔼可亲，猜猜他在干什么，他又是怎样的人？

殷允岭／著

📖 **目录一览**

　　读目录，你会发现这本书把焦裕禄一生重要的经历按时间顺序进行了编排，写出了焦裕禄人生的每一个重要阶段，你可以感受到焦裕禄全心全意为人民服务的一生。

　　再读目录，想想焦裕禄的一生可以分为哪三个阶段？本书重点写的是哪个阶段？

📖 **梗概导读**

　　这本书记述了焦裕禄成长、奋斗、为人民服务的人生轨迹。焦裕禄生于孔孟之乡，经历了少年丧父、入监坐牢、下煤坑做苦力、背井离乡等人生磨难，但他不向命运低头，当民兵、参加南下武装工作队、领导土改和清匪反霸，以大智大勇谱写了一曲英雄壮歌。建国后，焦裕禄转战工农业各条战线，先后取得了卓越成绩。担任兰考县领导职务后，他以"敢教日月换新天"的精神带领兰考人民抗击自然灾害，获得了丰硕成果。白茫茫的盐碱地，望不到头的漫漫黄沙，内涝的洼窝里结着青色的冰凌，这就是兰考灾荒的景象。焦裕禄忍受着严重疾病的折磨，在贫瘠的原野上日夜奔波。追沙，一直追到沙落地；查水，又一直查到水归槽。他用舌头辨别盐碱的种类和土的含碱量。日日夜夜奋战在风里、雨里、沙窝里、激流里……最终倒在了那片土地上。焦裕禄心里始终装着人民群众，直至生命最后一刻。

 精彩片段

形象问题

1963年6月的一天，这位县委书记要去张君墓公社，随行人员是当时的县委通讯员李忠修。县城距张君墓约八十里地，李忠修提议，这一回要坐那辆吉普车，路途太远。县委仅有一辆战争年代拉过大炮的破旧美式吉普车，伤痕累累。

焦裕禄回答说："就这一部破车，咱们饶了它吧！省它些力气，好为年老有病的老同志服务。再说，它不是个好东西，因为隔块玻璃，群众给你说话，光见张嘴听不见声音，双方干着急。还因它只顾跑得快，步行的群众跟不上，给咱们拉大了距离，脱离了关系。车一跑还扬尘土，路旁的东西看不清楚，连走马观花也难！咱还是骑自行车，舒舒服服地逛一逛吧！"

李忠修聪颖机敏，当然听得懂这番话的寓意，焦裕禄骑的是一辆老牌"飞利浦"车，已满十一岁，正如相声大师侯宝林那段老少皆知的《夜行记》中描述的"除去车铃不响，其他零件都响"，吱吱呀呀骑上去，不可能"舒舒服服"。

行至葡萄架公社西面的坡地，李忠修的车子"嘣"的一声断了链子，前不着村，后不靠店，修也没法修理。李忠修干着急，焦裕禄却不急："到了葡萄架就能找到工具，我有手艺，能修好！"说着话，从自行车的后座解开了一条绳子，要拖带着李忠修走。

李忠修不好意思了，说："还是我骑'飞利浦'拖着你吧！"焦裕禄答："我的'马'不听你使唤，快上车！"

一切如愿，他们从张君墓公社胜利返回。老天作对，竟下起了毛毛细雨，焦裕禄把自己带的雨衣递给李忠修说："小雨你穿，下大了你可得还给我！"这还是一个容易被对方接受的建议，李忠修遵从了。走着走着，雨真的下大了，李忠修便还雨衣。焦裕禄板着脸道："你要理解词义才行，我说的是大雨我穿，现在是中雨，怎么能归我？"

二人争吵着，要去问气象台是"大"还是"中"。不久，雨竟真的下大了，击头射脸。李忠修脱下了雨衣，焦裕禄在雨中大笑道："傻小子，我都湿透了，穿它还有何用？你穿着吧！下一回，我再傻也不会先让你穿了！"

李忠修后悔不已，事已如此，也只好听之任之。

请读第十章《形象问题》。在这个章节中，你觉得焦裕禄的精神主要体现在哪些方面？快写下来吧！

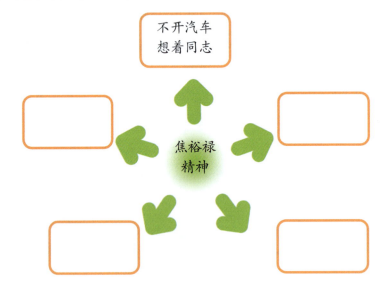

不开汽车
想着同志

焦裕禄
精神

人物名片夹

让我们结合书中内容，为焦裕禄制作一张"大名片"。

	姓名		籍贯	
 入党 时间			生卒 年月	
为民事 迹（列 举三件）				

人物成长梯

焦裕禄的一生可以分为三个阶段。1936 年，因为家里实在不能维持焦裕禄的求学之用，这位懂事的五年级高才生主动辍学归田。直到 1946 年元月，他加入中国共产党，才真正地脱离苦海，走向了光明。在这十年，焦裕禄经历了许多苦难，苦难磨炼了他的意志。他经历了哪些苦难呢？

辍学归田
砍樵养家

1946 年入党后，焦裕禄成长得更快，一次次很好地完成党和人民的重托。请看着下图，完整地说说焦裕禄的成长经历。

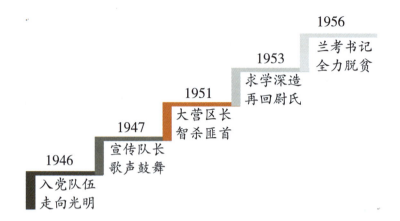

1956
兰考书记
全力脱贫

1953
求学深造
再回尉氏

1951
大营区长
智杀匪首

1947
宣传队长
歌声鼓舞

1946
入党队伍
走向光明

📖 **英模启示录**

　　本书把笔墨聚焦在兰考，兰考是焦裕禄生命的华彩乐章，他在兰考的470多天里，几乎每一天都有让人感动的为人民服务的故事。请你将印象深刻的故事写下来，并写写焦裕禄为民事迹带给你的感想。

_____

_____

_____

_____

_____

📖 **励志佳句坊**

　　焦裕禄的一生，是为人民鞠躬尽瘁的一生。让我们一起读一读他朴实却直击心灵的话语。

　　干工作，要走上步，看下步，心里想着第三步。要走在工作的前头，争取主动，一步主动，步步主动；一步被动，步步跟不上。

　　我们要带上本子，发现什么问题，立刻记下来，回去再对照毛主席著作想一想，找出解决的办法，总结出经验。这就是说，白天要搞调查研究，晚上要"过电影"。

　　作为一个共产党员、革命干部，不管其资历深浅、地位高低，都是人民的勤务员，绝不能凭借自己的地位捞取特权，更不能以功臣自居，为自己的享受开方便之门，或者给自己的亲友发放所谓关心他们的"优待券"。

　　拼上老命大干一场，决心改变兰考面貌，不达目的，死不瞑目！

　　我活着没有治好兰考的沙丘，死后，希望把我埋在兰考的沙丘上……我要看着兰考人民，把沙丘治好。我死后，不要为我多花钱。

研学好线路

焦裕禄纪念馆
山东省淄博市博山区北崮山村

兰考焦裕禄纪念馆
河南省兰考县城北关

📘 **书籍大链接**

《焦裕禄》　　　　　《焦裕禄》　　　　　《我眼中的焦裕禄》

何香久 / 著　　　　殷允岭　陈新 / 著　　　任彦芳 / 著

15 跟钱学森学奉献 ✏

《钱学森传》

这是一个需要我们用心铭记的名字——钱学森。美国海军次长丹尼·金贝尔说他一个人可以抵得上五个海军陆战师。毛主席则说他一个人超过五个师的力量。他是中国的"航天之父""导弹之父"，因为他让中国的"两弹一星"事业向前推进了20年。钱学森将自己的一生都奉献给了中国的"航空航天"事业。

有人称钱学森是"战略科学家""百科全书式科学家"，甚至"红色科学家"。钱学森到底是什么科学家？让我们阅读《钱学森传》，相信你会寻找到答案。

📖 **封面品析**

1. 从封面上你获取了哪些信息？

2. 看着封面和书名，你猜想这本书会写关于钱学森的哪些故事呢？

叶永烈 / 著

📖 目录一览

1. 浏览目录，你是不是可以猜想出钱学森为了回国都经历了哪些磨难？

2. 细读目录，你能说说钱学森为祖国做出了哪些巨大的贡献吗？

📖 梗概导读

钱学森 1911 年出生于上海，1934 年毕业于国立交通大学，后赴美国留学，师从著名科学家冯·卡门教授。后创造卡门－钱公式，36 岁成为美国麻省理工学院终身教授。

钱学森天资聪颖，自幼刻苦努力。他一生几易专业，第二次世界大战将他推向了"航天航空研究领域"，他是世界顶级的火箭、导弹专家，他参与了美国当时最核心、最机密、最前沿的国防科研事业。在学术上他取得了辉煌的成就，美国给了钱学森很高的荣誉，他在生活上享有优裕的待遇，然而却始终眷恋着他的祖国。

1949 年中华人民共和国成立后，钱学森毅然决定回国。1950 年 7 月，他向美国当局提出回国申请。1955 年，历经 5 年漫长艰苦的努力之后，钱学森终于回到了祖国的怀抱。

回国后，钱学森将毕生精力倾注于发展祖国的国防科技事业——"两弹一星"。那时中国的导弹事业一片空白，在毛主席、周总理等党和国家领导人的大力支持下，钱学森带领他的研究团队励精图治，奋勇拓荒，在1960年11月5日成功发射导弹"1059"。从此，开创了中国火箭导弹、航空航天的新篇章。1966年钱学森协助聂荣臻元帅实施了中国首次导弹与原子弹"两弹结合"实验。1972年至1976年间，领导设计制造了中国第一艘核动力潜艇，指挥成功发射了中国第一颗返回式卫星。钱学森的作用是无与伦比的，如果没有他，新中国的科技事业特别是国防科技事业的发展会延迟很多年。

可当研究成功之后，他在接受表扬时却说："我本人只是沧海一粟，渺小得很。真正伟大的是中国人民，是中国共产党，是中华人民共和国！"

📖 精彩片段

手心上的神机妙算

这次前往实地考察的总共只有七八个人，除了空军派来保障飞行的一位干部，以及总参谋部派来的我外，其他的都是专家。钱学森和其他专家一样都是身穿中山装，穿着很朴素，个子也不高，中等身材，但绝对是一表人才。

那架专机是第二次世界大战时用的苏联飞机，最多也就只能坐十几个人，飞机里面的噪音也很大，所以一路上大家都没多说话。飞机飞得很快，大概一个多小时就到了，到的时候是上午9点多钟。旅大警备区的司令员曾绍山亲自到机场迎接，并安排了吃住。曾绍山说，已经派了大队人马按照那位士兵所说的方位去找那颗卫星了，不过现在还没有消息，等有消息了就带专家一起过去看。

钱学森不住地问问题，问得很详细。等了大概有一个多小时后，钱学森就有点儿坐不住了，于是就跟曾绍山商量，让他们也一起去现场找找看。这时已经11点多，曾绍山就说要不等吃过饭再去。但钱学森不同意，说哪怕晚点儿吃饭或者不吃，也要尽快去核实一下。曾绍山经不住再三要求，于是就带专家们一同前往现场了。

到了现场后，钱学森请部队同志把那位发现卫星降落的士兵叫来，让士兵把当时看到的情况再详细描述一遍，又让士兵回忆当时所站立的具体位置，然后又问他当时头摆在什么方位时看到火光的，火光从哪里划到哪里，成什么角度。钱学森一边让士兵模拟还原现场，一边就用笔在左手手心里写写画画。

因为当时走得匆忙，没有想到要带纸笔给专家备用，所以当时钱学森就只好拿钢笔在自己的左手心里画。我当时就站在钱学森的旁边，看到他手心里画着一条抛物线，下面是一些阿拉伯数字，具体是什么意思，我这个外行可就看不懂了。

就这样，钱学森不停地写写画画，不一会儿他对我和其他专家说："从士兵所描述的轨迹来看，不像是苏联卫星的轨迹。就算是那颗卫星的轨迹，按照这个火光飞行的角度，落在这里的可能性也不大，起码落在2000公里以外的地方，很有可能不在中国。"

钱学森得出结果后，就让曾绍山通知大家不用再找这颗卫星的遗骸了，这样会浪费大家的精力。这时已经是下午一两点钟，大家赶回市里，吃了一顿饭，稍事休息后就乘坐飞机返回北京了。

下了飞机后，这时北京的街边路灯已经亮起，专家们都各自回家了，而我还要赶回单位汇报工作。到了单位，一个值班的工作人员告诉我，卫星确实不在我们国家，苏联大使馆发来最新通报，卫星好像落到了阿拉斯加了。我听后，对钱学森敬佩不已。钱学森计算得没错！

读完这个小故事，你觉得钱学森的神机妙算主要体现在哪些方面？来吧，敞开思绪，动手写下来吧！

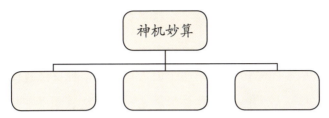

📖 人物名片夹

读一书，明一人。让我动手为钱学森这位大科学家做一张"大名片"。

	姓名	钱学森	籍贯	浙江	生卒年月	1911.12.11—2009.10.31
	家庭成员	父亲钱均夫（留学日本） 母亲章兰娟（杭州富商之女） 岳父蒋百里（中国近代著名军事理论家） 妻子蒋英（著名女高音歌唱家，中央音乐学院教授） 儿子钱永刚（教授） 女儿钱永真（从事音乐教育工作）					
	名字由来	按家族"继承家学，永守箴规"八字论辈取名，学森亦有学深之意。					

续表

求学经历	1923 年毕业于国立北京师范大学附属小学 1929 年毕业于国立北京师范大学附属中学 1934 年毕业于国立交通大学机械工程学院 1936 年获美国麻省理工学院航空硕士学位 1939 年获美国加州理工学院航空、数学博士学位
科研成就	
个人荣誉	
钱学森之问	

📘 人物成长梯

"千里之行，始于足下"，钱学森是怎样在中国共产党的领导下一步步地走向人生的巅峰呢？

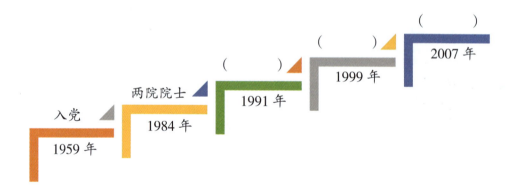

📙 故事情节轴

细心观察下图，可以更好地帮助你梳理钱学森奋斗的一生、奉献的一生。

少年求学 初试锋芒	→	坚持抗争 毅然回国	→	鞠躬尽瘁 两弹元勋
留学美国 为国争光		回归祖国 刮起旋风		

英模启示录

　　一面旗，一个人，一段故事。时代楷模钱学森的一生是拓荒的一生，是奋斗的一生，更是奉献的一生。榜样的力量是无穷的，他如一盏明灯，一定会指引着你不断前行。钱学森这位时代楷模的奉献精神带给你哪些有益的启发？

_____

_____

_____

阅读大集结

励志佳句坊

　　拼却老红一万点，换将新绿百千重。

——［宋］杨万里

　　我好像一只牛，吃的是草，挤出的是奶、血。

———鲁迅

　　捧着一颗心来，不带半根草去。

———陶行知

　　我们必须奉献于生命，才能获得生命。

———[印]泰戈尔

　　只有为别人而活的生命才是值得的。

———[美]爱因斯坦

　　我是炎黄子孙，理所当然地要把学到的知识全部奉献给我亲爱的祖国。

———李四光

研学好线路

位于上海交大的
钱学森图书馆

位于杭州的
钱学森故居

位于西安交大的
钱学森图书馆

书籍大链接

《蚕丝：钱学森传》《走近钱学森》　　《钱学森实录》　　《钱学森故事》
张纯如/著　　　　叶永烈/著　　　　王文华/编著　　　涂元季　莹莹/著

16 跟袁隆平学执着

《袁隆平——中国杂交水稻之父》

袁隆平被誉为"杂交水稻之父"，他1964年开始研究杂交水稻，1975年成功研究出杂交水稻制种技术，为大面积推广杂交水稻奠定了基础，更为解决全人类的粮食问题做出了前所未有的贡献。

在数十年的研究中，袁隆平面对艰苦的研究条件、社会舆论的压力，以及研究课题中的各种难题。是什么促使他立志研究杂交水稻，并倾注一生执着追求的呢？让我们阅读《袁隆平——中国杂交水稻之父》，相信你会找到答案。

📖 **封面品析**

1. 封面上的袁隆平皮肤黝黑，皱纹爬上他的脸颊，但他目光如炬，在他那深邃执着的眼神中，你感受到了什么？

2. 从题目和文字中，你提取到了什么信息？这本书会写些什么呢？

王利 / 编著

📖 目录一览

读了目录，你知道书中写了袁隆平一生的哪些重要时刻吗？哪些章节是你最感兴趣的？

📖 梗概导读

袁隆平，中国杂交水稻育种专家、中国工程院院士，现任中国国家杂交水稻工程技术中心主任暨湖南杂交水稻研究中心主任、西南大学农学与生物科技学院名誉院长、湖南农业大学教授、中国农业大学客座教授、联

合国粮农组织首席顾问、世界华人健康饮食协会荣誉主席、湖南省科协副主席和湖南省政协副主席。

袁隆平1930年出生在北平一个知识分子家庭,幼年随父母辗转迁徙于纷飞战火中,却仍接受了良好的学校和家庭教育。1953年,他毕业于西南大学农学院,在湘西安江农校做教师期间,由于目睹中国三年困难时期大饥荒,他的灵魂受到深深的震撼,故立志消灭饥饿,并投身杂交水稻研究数十年,终于实现了粮食大幅增长,被誉为"杂交水稻之父"。

1981年6月,袁隆平获国内第一个特等发明奖,湖南省省委、省政府授予袁隆平"功勋科学家"称号,中国发现的国际编号为8117的小行星被命名为"袁隆平星"。他先后荣获联合国教科文组织"科学奖"和联合国粮农组织"粮食安全保障荣誉奖"等8项国际奖励。

袁隆平有两个心愿:一是把"超级杂交稻"合成,二是让杂交稻走向世界。为了实现这两个心愿,他从成功与荣誉两个"包袱"中解脱出来,超然于名利之外,对于众多的头衔和兼职,能辞去的坚决辞去,能不参加的会议一般不参加,魂牵梦萦的只有杂交稻。他希望杂交水稻的研究成果不但能增强我们国家自己解决吃饭问题的能力,同时也为解决人类仍然面临的饥饿问题做出更大的贡献,因此,袁隆平把帮助其他国家发展杂交稻当作为人类谋幸福的崇高事业。

📖 精彩片段

守得云开见月明——夸父逐日

1968年,这一年,袁隆平开始了没有冬天的日子。袁隆平和弟子们告别长沙,告别湘西的家人,千里迢迢去祖国仅次于台湾的第二大岛——温暖和煦的海南岛。

来这里干什么呢?来领略岛上古朴独特的民族风情吗?当然不是,他是带着水稻借这里温暖的气候来继续进行杂交水稻研究的。天涯海角如画的风光，湛蓝的大海，高温多雨的热带气候，四季常绿的热带作物，是水稻育种的理想环境。

初到这里，袁隆平感到莫名的兴奋，一切对杂交水稻有帮助的事物都让他兴奋。这里的气候多么温和，光照又如此充足！真是育种者的天堂呢！在湘西漫长的冬季他只能在等待里度过，而来了这里他就可以不受气候的限制，尽情地、自由自在地研究水稻了！想到这些，这一路的颠簸辛苦舟车劳顿都算不上什么了！

他和弟子尹华奇、李必湖在三亚的南红农场安置下来，住的是低矮的茅草屋，睡的是竹竿麦秸搭的地铺，晚上没有电灯，且炎热难耐，更难耐的是海南特有的长腿蚊子成群肆虐地嗡嗡哼叫和一波又一波热情高涨的噬咬，条件有些艰苦。不过不算什么，苦难光顾得他不少了，只要能从事杂交水稻研究，只要有绿色的秧苗或沉甸甸的稻种陪在身边，他便甘之如饴。

那时的南红农场落后，没有集体的饭厅，一日三餐都是袁隆平和弟子们自己动手做。白天他和两弟子侍弄着水稻，晚上，他们燃起煤油灯或菜油灯，在那跳动闪烁的微弱焰光下读书攻关。

这里的动物都很大胆，除了每天晚上缠个不休的蚊子，可爱的松鼠和可恶的老鼠都让他们欷歔不已！松鼠并不怕人，会溜到他身边来和他玩耍，不久他们就被这顽皮的家伙们害惨了，它瞄上了他们珍贵的水稻秧苗，把绿油油的秧苗拉进自己洞里当食物，唉！

老鼠更是猖狂，一天早上醒来袁隆平和弟子发现大米袋被咬破了，白花花的米粒散落在地。袁隆平心疼极了，连呼可惜，粮食这么短缺，这可是他们的口粮啊。怎么惩治一下无法无天的老鼠"先生"呢？袁隆平端了一暖壶热水蹲在老鼠洞旁守株待兔，待老鼠出洞了，眼疾手快将热水浇上去……看着老鼠的狼狈样，袁隆平哈哈笑着，终于出了一口恶气。

在这岛上居住一段时间后，袁隆平经常思念年迈的父母和妻儿，牵挂

他们身体好不好，累不累，五一五二听不听话。除了育种工作的稳步进行和顺利成长的水稻，最令他开心的是拥有了搏击大海的机会！每一次搏击海洋的路程都和他脚下所走的杂交水稻之路那么相像，他暗暗地学习着大海阔能容物的胸怀，风浪？暗礁？都不在意，都不害怕，有容乃大！

（有删节改动）

　　读完这个小故事，你发现袁隆平在风景优美的海南岛遇到了哪些困难，他又是如何克服的？让我们整理一下吧！

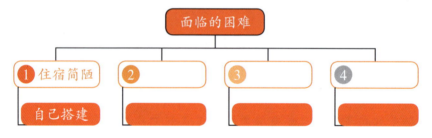

📖 人物名片夹

　　读一书，明一人。让我动手为袁隆平这位大科学家做一张"人物名片"。

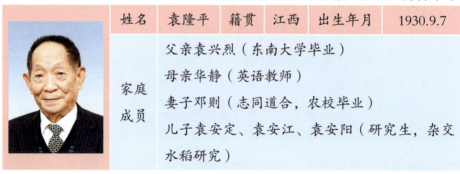

姓名	袁隆平	籍贯	江西	出生年月	1930.9.7
家庭成员	父亲袁兴烈（东南大学毕业） 母亲华静（英语教师） 妻子邓则（志同道合，农校毕业） 儿子袁安定、袁安江、袁安阳（研究生，杂交水稻研究）				

名字由来	按家族"大茂昌繁盛，兴隆定有期，敬承先贤业，常遇圣明时"的族谱排辈字序，排在"隆"字辈，纪念出生在北平，同时希望世道太平。
科研成就	
个人荣誉	
袁隆平语录	

📖 人物成长梯

研究并培育杂交水稻的过程艰辛而漫长，再加各种怀疑的声音让袁隆平举步维艰，那袁隆平是如何在困境中坚持信念，最终取得成功的？

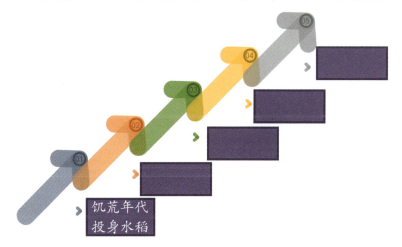

饥荒年代投身水稻

📖 故事情节轴

细心观察下图，可以帮助你更快更完整地讲述人物成长故事。

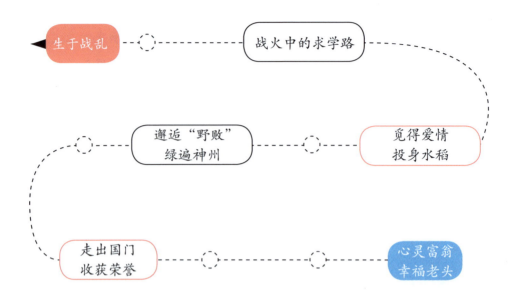

生于战乱 ---- ---- 战火中的求学路

邂逅"野败" 绿遍神州 ---- ---- 觅得爱情 投身水稻

走出国门 收获荣誉 ---- ---- 心灵富翁 幸福老头

📖 英模启示录

2010 年 4 月 28 日，袁隆平被评为北大百年讲堂内"中国首届心灵富豪榜"的首富，主办方给袁隆平的评词中肯而又准确："他用一粒种子，改变了世界；他创造的物质财富，只有两个字可以形容——无价。而他自己，依旧躬耕于田畴，淡泊于名利，真实于自我。他以一介农夫的姿态，行走在心灵的田野，收获着泥土的芬芳。"

袁隆平用看似平凡的研究对人民生活产生了巨大的影响，为世界做出了巨大的贡献。榜样的力量是无穷的，他执着的信念、不屈的精神如一盏明灯，指引着人们不断前行，又将带给你哪些有益的启发？

_____

_____

_____

_____

_____

励志佳句坊

> 执着追求并从中得到最大快乐的人，才是成功者。
>
> ——[美]梭罗
>
> 路曼曼其修远兮，吾将上下而求索。
>
> ——[战国]屈原
>
> 老骥伏枥，志在千里；烈士暮年，壮心不已。
>
> ——[三国]曹操
>
> 立志不坚，终不济事。
>
> ——[宋]朱熹
>
> 能够岿然不动，坚持正见，渡过难关的人是不多的。
>
> ——[法]雨果

研学好线路

袁隆平故里——德安县袁家山科普教育基地，位于德安县河东乡后田村，处在德安、星子、九江三县交界处，是德安县的东大门，距县城 2.5 公里，交通便利。基地成立于 2012 年 3 月，占地面积 400 余亩，主要由隆平科普教育展览馆、科普教育接待中心、超级稻示范基地、生态植物园实践基地四个部分组成。

书籍大链接

《袁隆平传》
祁淑英 / 著

《杂交水稻之父袁隆平》
拉飞客 / 文

《李大钊》

　　李大钊同志是中国共产主义事业的先驱、杰出的无产阶级革命家和中国共产党的主要创始人之一。为了民族独立和人民解放事业，他将个人生死置之度外。他曾说："高尚的生活，常在壮烈的牺牲中。"因此，每当面对生与死的考验时，他总表现出对共产主义的坚定信仰，最终从容地选择了为共产主义事业献出生命。

　　是怎样的力量鼓舞李大钊孜孜不倦地宣扬共产主义？是怎样的精神感化了敌方的士兵和警官？是何等坚定的信仰引领他走在探索中国命运的最前线？打开《李大钊》，一起走近这位为中华民族崛起奠基的革命先驱！

📖 封面品析

　　1. 李大钊同志入选"100位为新中国成立做出突出贡献的英雄模范人物"。请你仔细观察画像，说说：他可能是一位怎样的人？你是怎么判断的？

　　2. 浏览封面，猜一猜这本书会写些什么。

何香久 / 编著

打开童书学英模

📖 目录一览

1. 有顺序地浏览目录，说一说你对哪一个故事最感兴趣。

2. 读一读小标题，猜一猜：李大钊在革命斗争中可能会遇到哪些困难？结果如何？

📖 梗概导读

幼时，父母早逝，李大钊由爷爷李如珍照料，得以接受启蒙教育。他勤学好问、用功刻苦、善于思考、关心国事，认识到了他处在军阀混战、民不聊生的中国，他期望潜心研究政治来寻求救亡图存的真理。因此，18岁时，他毅然选择考取北洋法政学堂，这标志着他在革命道路上迈开了坚实的第一步。

27岁时，李大钊带着二十年求学知识的精髓，怀着"推翻皇帝，再造中华"的远大抱负，创办了宣扬新思想、新文化的《晨钟》报，率先在中国介绍、传播和研究马克思主义。他以开拓者的无畏姿态，旗帜鲜明地指出马克思主义是我们时代的真理，是拯救中国的"良方"，并积极付诸实践。同时，他与陈独秀等人共商筹建中国共产党。1921年7月23日，由李大钊亲自定名的共产党如朝阳般诞生在中国这片多灾多难的土地上。他所做的这一切，为夺取新民主主义革命的胜利打下了坚实的基础。

1927年，在反动军阀的白色恐怖中，年仅38岁的李大钊被捕入狱。面对高官厚禄的诱惑和死亡的威胁，他为了党的事业和民族大义，毅然献出了年轻的生命。李大钊同志真正做到了他所说的"勇往奋进以赴之""瘅精瘁力以成之""断头流血以从之"。在今天，这份坚定的共产主义信仰依旧是建设中国特色社会主义的灵魂支撑和力量之源。

 精彩片段

壮烈牺牲

李大钊入狱后，多次被审讯，敌人用种种残酷的刑罚折磨他，用竹尖扎进他的指甲缝里，最后竟剥去了他双手的指甲。李大钊始终大义凛然，坚贞不屈。他从未说过一句有损党的荣誉的"供词"，也没有泄露党的任何机密。连反动派的报纸也不得不说，他受审时"精神甚为焕发，态度极为镇静，自称为马克思学说之崇信者，故加入共产党，对于其他之一切行为则谓概不知之，关防甚严"。"闻李大钊受讯时，直认真姓名，并不隐讳。态度甚为从容，毫不惊惶。彼自述其信仰共产主义由来，……着灰布棉袍，青布马褂，俨然一共产党领袖之气概"。

敌人采取了各种手段威逼利诱，张作霖的总参议杨宇霆也亲自来劝降，拉同乡关系来套近乎，想用高官厚禄来收买李大钊。李大钊严词回答："大丈夫生于世间，宁可粗布以御寒，安步以当车，就是断头流血，也要保持民族气节，绝不能为了锦衣玉食，就去向卖国军阀讨残羹剩饭，做

无耻的奴才！"

他在狱中写下的自述，对自己追求真理的一生作了回顾："钊自束发受书，即矢志于民族解放之事业，实践其所信，厉行其所知，为功为罪，所不暇计。"在生死关头，他仍想着被捕青年革命者："倘以此而应重获罪戾，则钊实当负其全责，唯望当局对于此等爱国青年，宽大处理，不可株连，则钊感且不尽矣。"

读完这个片段，你从哪些地方感受到了李大钊身上这份坚定的共产主义信仰？

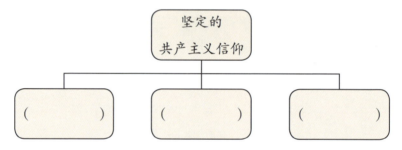

先烈名片夹

读一书，知一人；晓事迹，悟信仰。结合书中内容，请你为大钊同志制作一张闪亮的名片。

姓名		出生年月		
籍贯		政治面貌		
远大抱负		牺牲时间		

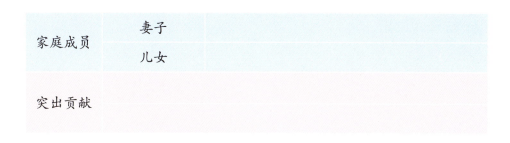

家庭成员	妻子	
	儿女	
突出贡献		

📘 **成长脚印图**

　　李大钊是怎样从学者一步步成长为有坚定共产主义信仰的革命家的？结合目录和书中内容，紧扣一个"最"字，为大钊同志绘制一幅成长脚印图。

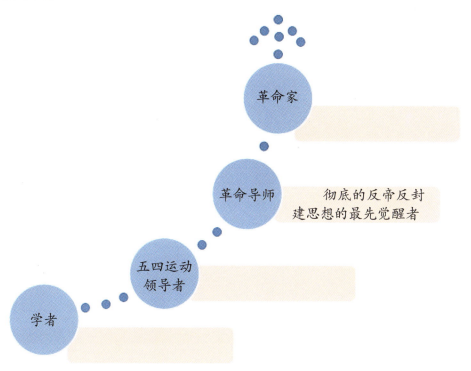

彻底的反帝反封建思想的最先觉醒者

📖 抉择大讨论

在帝国主义、军阀政府的一次次监视和迫害下，在"黑云压城城欲摧"的危险局势中，李大钊依旧坚定共产主义信仰，致力于共产党的组织建设。其中，他面临过诸多关键的抉择。同桌两人议一议，如果你是李大钊，你会做出哪种选择？

大讨论 1：当李大钊明知自己的住处和行踪被密探泄露时，当妻子和朋友力劝他离京躲避风头时，李大钊做出的选择是什么？说说理由哦。

大讨论 2：李大钊入狱后，敌人用种种令人发指的刑罚折磨他，用竹尖扎进他的指甲缝，最后竟剥去了他双手的指甲，企图从他口中获知我党的机密。此时，李大钊做出的选择是什么？说说理由哦。

📖 英模启示录

　　李大钊的一生是短暂的，却永恒地体现了他对共产主义的坚定信仰。结合李大钊的故事，和身边的小伙伴讨论一下，你们是怎么理解"信仰"这个词的？

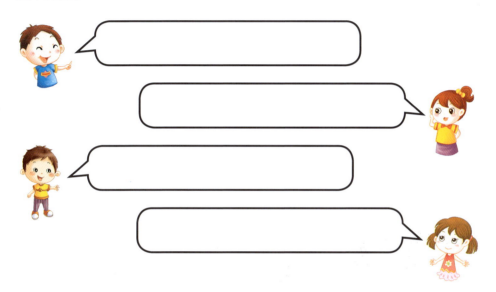

📖 励志佳句坊

　　铁肩担道义，妙手著文章。

——李大钊

盛年不重来，一日难再晨。

及时当勉励，岁月不待人。

——[晋] 陶渊明

天下兴亡，匹夫有责。

——[清] 顾炎武

研学好线路

寻访先烈故居，重游革命路线，来次研学旅行，让我们一同去感受李大钊同志为党为人民的那份忠心和对共产主义事业的那份坚定信仰！

研学访先烈

大钊
烈士陵园

河北乐亭县
大黑坨村
李大钊故居

大钊
公园

五峰山——
大钊革命
活动旧址

群书齐推荐

读完《李大钊》，相信他身上这份坚定的共产主义信仰一定深深地击中了你的心灵，他的英勇事迹在你的脑海中一定久久不能抹去。想进一步了解这位伟大的共产主义先驱吗？选择喜欢的书再读一读吧！

《李大钊传》
郭德宏　张明林／著

《李大钊爱国文选》
董雁南／编

《回忆我的父亲李大钊》
李星华／著

18 跟方志敏学智慧

《方志敏》

"中国是生育我们的母亲。你们觉得这位母亲可爱吗？""不错，目前的中国，固然是江山破碎，国弊民穷，但谁能断言，中国没有一个光明的前程呢？不，决不会的，我们相信，中国一定有个可赞美的光明前途。"

这段自问自答源自于《可爱的中国》，它的作者便是"两条半破枪打出一片江山"的无产阶级革命家、军事家方志敏。

1935年1月29日，方志敏在江西省被俘，囚于南昌。他严辞拒绝了国民党的劝降，实践了自己"努力到死，奋斗到死"的誓言。1935年8月6日被秘密杀害，时年36岁。毛泽东同志称赞他是"以身殉志，不亦伟乎"的人民英雄。是怎样的信仰支撑了方志敏的一生？

 童书微赏读

📖 封面品析

在地主豪绅的心中，方志敏的形象是这样的：长着三头六臂，红头发，长毛，铜铃眼，血盆大口……看着封面上的照片，说说你眼中的方志敏。

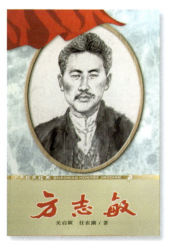

关启颖 任农潮 / 著

目录一览

让我们一起来看看这本书的目录，方志敏的智慧就藏在这些小标题中，你能找出来吗？

梗概导读

《方志敏》讲述了大革命失败后，方志敏凭着两条半步枪起家，历经百战，创建了赣东北革命根据地和红十军的故事。他在率军北上抗日的途中遭到国民党军的阻击被俘，他以共产党人的凛然正气严辞拒绝了敌人的劝降，从容就义。

他在阴暗潮湿的牢房中以惊人的毅力写就的《可爱的中国》《清贫》《狱中纪实》等约 30 万字的文稿，成为了见证英烈、激励后世的不朽之作。

 精彩片段

奇袭景德镇

兵法说："知己知彼，百战不殆。"方志敏立即派人与当地党组织取得联系，掌握了景德镇的敌情。景德镇有两个保安队，第一队驻市区的"湖北书院"，第二队驻浮梁县政府，两队共有长短枪二百多支。另外，警察总局下设两个分局，也各有枪四十多支，还有地方法院的十几支枪，全镇总计有四百一二十支枪。镇上的敌人都过着极其腐化的生活，吃喝嫖赌无所不为。尤其是星期日，衙门除了留下几个站岗看门的之外，官兵们几乎都泡在赌场、烟馆和妓院里，花天酒地，甚至通宵不回营房。第二天也要一觉睡到中午前后才起床。这几乎已成了规律。

了解了这些情况，特别是敌人的活动规律，方志敏心中已初步形成了一个作战方案。但这次行动意义重大，况且红军驻地离景德镇路途遥远，长途奔袭，必须周密计划，方志敏决定召开军委会议，认真讨论作战方案。

会议开得很热烈，方志敏提供了掌握的情况后，同志们提出了各种设想，经过研究比较、反复权衡之后，方志敏说："景德镇远离根据地，长途跋涉而战，以速战速决为宜。敌人兵力不在我们之下，有四百多支枪，要速战速决，就要力避强敌，避实就虚，以智取为上。攻击时间，若选星期日，街上行人众多，恐累及群众，根据敌人的活动规律，若在星期一拂晓攻击，必能打他个措手不及。"

同志们又一起确定了具体的行动方案，布置好各项工作，一面派人去与当地党组织联系，组织力量接应红军。

七月四日清晨，红军独立团一千多人集结在草坪上，方志敏作了战

前动员，部队就急速出发了。一到白区地段，部队就改用白军番号，指战员都换上了白军的军服，并按预定计划把外省籍的战士编成先头部队在前边开路，因为敌人的士兵多是外省籍的，这样不会引起敌人的怀疑，同时规定本地战士沿途一律不准说话，以免露出赣东北口音。

看了《奇袭景德镇》片段，哪些内容让你感受到了方志敏的聪明才智？快来试着写一写吧！

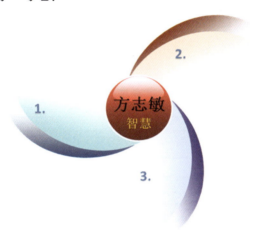

📖 人物名片夹

姓名		出生年月		
家庭地址				
职业				
入党时间		逝世时间		
代表作品				

📖 人物事迹链

> 血染东南半壁红，
>
> 忍将奇迹作奇功。
>
> 文山去后南朝月，
>
> 又照秦淮一叶枫。

叶剑英用这首七言绝句肯定和概括了方志敏伟大的战斗的一生。这一生很短，只有 36 年；这一生很长，为国为民无私奉献；这一生有太多值得我们回忆的精彩片段，请你挑选几件印象深刻的事概括地写一写。

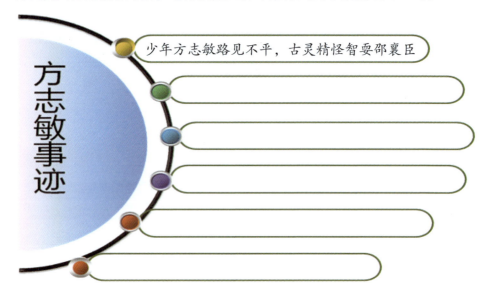

方志敏事迹

少年方志敏路见不平，古灵精怪智耍邵襄臣

📖 英雄小剧场

方志敏的英雄故事可不少，让我们一起找一找、填一填、演一演吧！

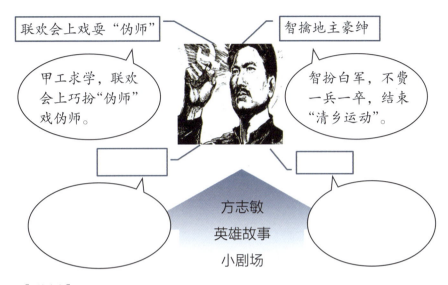

联欢会上戏耍"伪师"

甲工求学，联欢会上巧扮"伪师"戏伪师。

智擒地主豪绅

智扮白军，不费一兵一卒，结束"清乡运动"。

方志敏
英雄故事
小剧场

【范例】

（改编于"智擒地主豪绅"片段）

故事背景：以邵德善为头目的地主豪绅，集中枪支，组织成立了"清乡团"，每天派出清乡队，向农民反攻倒算，到处捉拿分田运动中的骨干和积极分子，一旦捉到就毒刑吊打，轻则打得遍体鳞伤，重则挖心剖肝，残忍至极。

人物：方志敏 若干红军 两个地主 若干地主豪绅

场景一：

【那是一个傍晚，夕阳在山，通往周坊的路上行人稀少。这时，路上走来一行人，居中一人骑在一匹大白马上，身穿国民党军官制服，戴一副茶色眼镜，手执马鞭，威风凛凛，身后是十几个卫兵跟随。】

方志敏把手中马鞭向前一指，命令道："号房子！"

卫兵们上前，在大门上边写字边大声吆喝："大军明天就到！"

两地主急忙赶来，毕恭毕敬叫道："长官！"

方志敏问："你们是干什么的？"

地主结结巴巴说："哦，哦，兄弟是……"

方志敏又问："你们是地主吗？"

两地主脸上堆满笑，连连鞠躬说："呃，岂敢，岂敢！长官请，长官请！"

方志敏权当没看见，对卫兵们说："把这栋房子号上，驻一个连！"

一个地主连忙声明："这房子是我的！"

一个卫兵大声喊："谁的也得号！"

这个地主连忙亮明身份："长官，我是清乡局的，请照顾照顾。"

卫兵瞪大眼睛问："清乡局，为什么才来见我们长官呢？"

两个地主连连说："小人知罪，小人知罪！"

方志敏微微一笑："算啦！算啦！"

【两地主受宠若惊，赶紧点头哈腰，家中设宴款待长官。】

场景二：

【地主家，在酒席上，地主们谈起方志敏来，十分惧怕。】

方志敏："方志敏有什么可怕，他又没有三头六臂。你们告诉我，方志敏是个什么样子，到时候我给你们抓来，保你们太平无事。"

两地主一听挺高兴，说："大军一到，不怕他方志敏上天！"

方志敏哈哈大笑，严厉地说："大军明天就到，你们要配合大军行动！今天晚上八点，我要召集各村要人在周家祠堂商议重要军机，由你们两个负责通知，必须准时参加，倘有一个不到，唯你们二人是问！"

地主连声答应："是，长官！是，是。"

场景三：

【周家祠堂，十几个豪绅地主都伸长脖子盯着大门外，恭候"长官"到来。】

卫兵："立正！"

方志敏踏进祠堂，大声问："都到齐了吗？"

两个地主赶紧回答："到齐了，到齐了。"

方志敏回头对卫兵说："点名！"

（卫兵开始点名，一个也没少。方志敏抬手示意，埋伏在外面的红军

冲进祠堂，豪绅们吓得瘫倒在地。）

两个地主忙说："长官，这……这是怎么回事？"

方志敏说："你们助纣为虐，反攻倒算，罪大恶极，百姓要惩罚你们！"

"啊！"地主豪绅们大叫。

方志敏取下脸上的茶色眼镜："方志敏！"

【这天晚上，整个贵溪北乡统一行动，在三十七个村庄里用同样的办法共捉到了七十七个豪绅地主，邵德善也在其中。】

英雄意见椅

方志敏带领群众搞革命的路上遇到过很多次抉择，我们一起来辩一辩，如果你是红军的一员，面对当时的情况，你会做出怎样的选择，说说理由。

方胜峰会议

埋　　　　埋还是不埋？　　　　不埋

这样的抉择书中还有很多，大家可以自己试着找一找、想一想、辩一辩哦！

励志佳句坊

为一身谋则愚，而为天下谋则智。

——[宋]苏洵

智慧就在于说出真理。

——[古希腊]赫拉克利特

一切背离了公正的知识都应叫作狡诈，而不应称为智慧。

——[古希腊]柏拉图

没有智慧的蛮力是没有什么价值的。

——[俄]克雷洛夫

英模启示录

阅读完《方志敏》这本书，他的哪些品质给你留下了深刻的印象，请你将他身上的优秀品质填写在品质圈上。

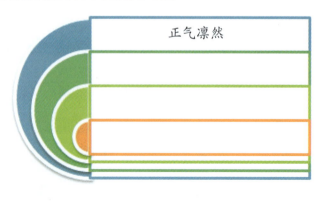

正气凛然

 研学好线路

方志敏纪念馆位于弋阳县城北面峨眉嘴山顶，占地面积 11000 平方米，建筑面积 1300 平方米，馆内陈设布局合理，内容丰富，有四个陈列室和一个展厅，分别  陈列介绍方志敏烈士参加江西地方党团组织创建、领导江西农民运动闹革命、创建闽浙赣根据地和红十军团、狱中斗争的事迹。

方志敏故居位于距江西省弋阳县城东北 30 公里处的漆工镇。漆工镇是  方志敏当年"两条半步枪闹革命"的发源地。1985 年在纪念方志敏烈士殉难 50 周年之际，人民政府及社会各界集资修缮故居，方志纯为故居题写了"方志敏故居"匾额，并建围墙保护。

 书籍大链接

《可爱的中国》
方志敏 / 著

《少年方志敏》
张品成 / 著